【シリーズ】日本人の手習い

古文書入門

判読から解読へ

藤本　篤　著

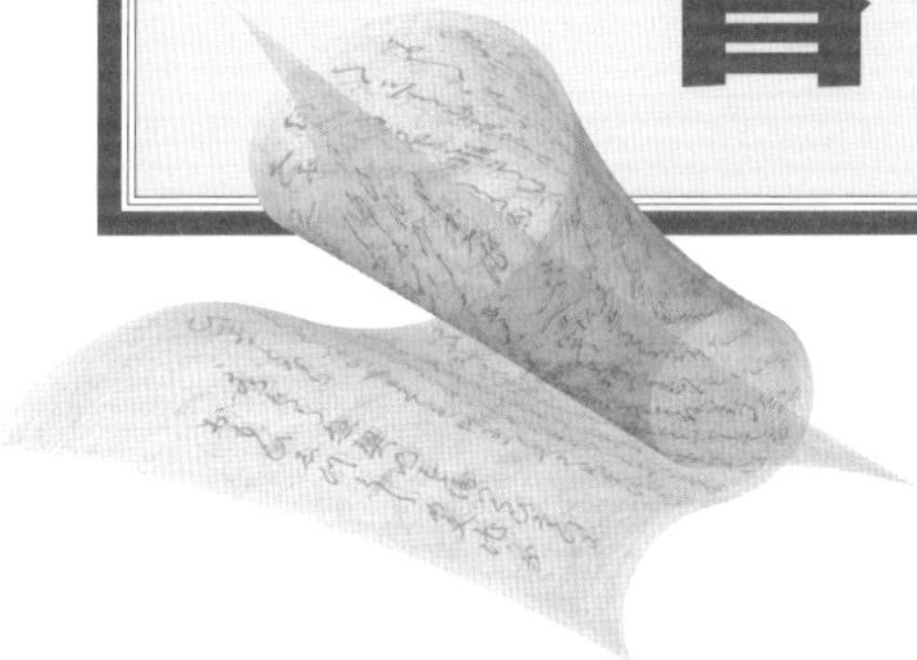

柏書房

はじめに

古文書の基礎知識やその読解のための図書や字典・辞典が次々に刊行され、また全国各地の公民館やカルチャーセンターなどで、古文書講習会や古文書を読む講座が開かれるようになってからすでに久しいものがある。それは、従来一部の学者・研究者だけが史料として用いてきた古文書・古記録などをみずから操作し、身近な先祖の歩みを含めて地域・地方の歴史を、自分自身で納得できるよう組み立ててみようとする人々の要請に応えるとともに、散逸・滅失しつつある史料の保存につながるものとして、まことに喜ばしいことである。

しかし古文書に親しみを覚えながらも、種々の事情によって古文書講習会や講座に参加できない人々もまた、決して少なくはないらしい。それは、ここ四〇余年にわたり勤務先は転々としたものの、一貫して市史編集室・編纂所に在籍している私の許へ、古文書講習会・講座の普及した現在もなお、数通・数冊の古文書・古記録が持ち込まれ、「何が書いてあるのか判らないが、一寸読んで欲しい」とか、「解読してくれる人を紹介してくれ」という要請が跡を絶たないことでも推察できる。それらの人々には、なるべく一字でも二字でも自分自身で書き写したうえ、古文書解読のための字典や辞典を活用する独習を勧めているが、こうした字典・辞典類は初めて古文書・古記録に接した人々が、即座に使いこなせるものではないこともまた事実である。

そうしたことから、本書は「古文書・古記録により、自らの手によって先祖のことや、生まれ育ち、または現住する地域の歴史を知りたいが、いったいどうすれば読めるようになるのか？」という人々が、ともかくも古文書・古記録に親しみを覚え、字典・辞典類を活用しながら、やがては史料操作・古文書学への途をたどるための前段階として、その判読方法を会得することを目的とするものである。

常用漢字・現代仮名遣いで印刷されたものに慣れた現代の人々が、初めて古文書や古記録に接したとき、たしかにその判読さえ難しいし、古文書に限らず近代・現代の人々が書いたものでさえ、毛筆で書かれた「くずし字」に戸惑う場合もあろう。しかし、それらはすべて外国語ではなく、先人たちが普通あたりまえのように使用してきた日本語を文字で著し、あるいは文章化して書いたものであるから、いささかの時間を費やして慣れ親しんでいけば、判読は決して困難ではないし、判読の経験を重ねるにしたがって、解読への道も遠いものではあるまい。とりあえず古文書ではないが、「くずし字」の混じった左の手紙を読んでみて頂きたい。

この手紙は、大正・昭和期の著名な日本史家・魚澄惣五郎博士から、初めてお目にかかる機会を得た筆者に、昭和三十一年十二月二十一日付けで、宛てられたものである。魚澄博士については、『国史大辞典』2（吉川弘文館）に経歴・業績・人柄などが収録されているので省略させて頂くが、御覧のようにこの手紙には少々の「くずし字」が混じっている。魚澄博士からは、直接お目にかかる以前にも、毛筆書きやペン書きの手紙やハガキを数通頂いたことがあるが、それらはすべて楷書体によって書かれていた。にもかかわらずこのとき初めて「くずし字」の混じった手紙が届いたのは、筆者なりに理解すると、いささかの訳があったと思われる。

〈はしがき〉に重ねて私事を交えて恐縮であるが、この手紙の作成された前日の二十日、恩師福尾猛市郎博士のご紹介により、筆者は豊中市史編集室への就職の件で、魚澄博士邸を訪問した。そのとき博士は「このところ史料筆写に追われている。ちょうどよい機会だから少し手伝ってください」と数通の中世文書や短冊を持ち出された。「就職のためのテストかな？」とは思ったが、幸いにも最終電車の発車直前までに筆写し終えることができた。その翌日付けで頂いたのが右の手紙であり、これ以降の魚澄博士からの手紙は、次第に行書体から草書体へと変わってきた。

「古文書は習うより慣れよ」という。まさに至言であり、最初から解読困難なものに取り組むよりも、急がず慌てず判読の段階を経て解読へと進むのが結局は近道である。魚澄博士は数次の手紙の書体の書き分けによって、このこ

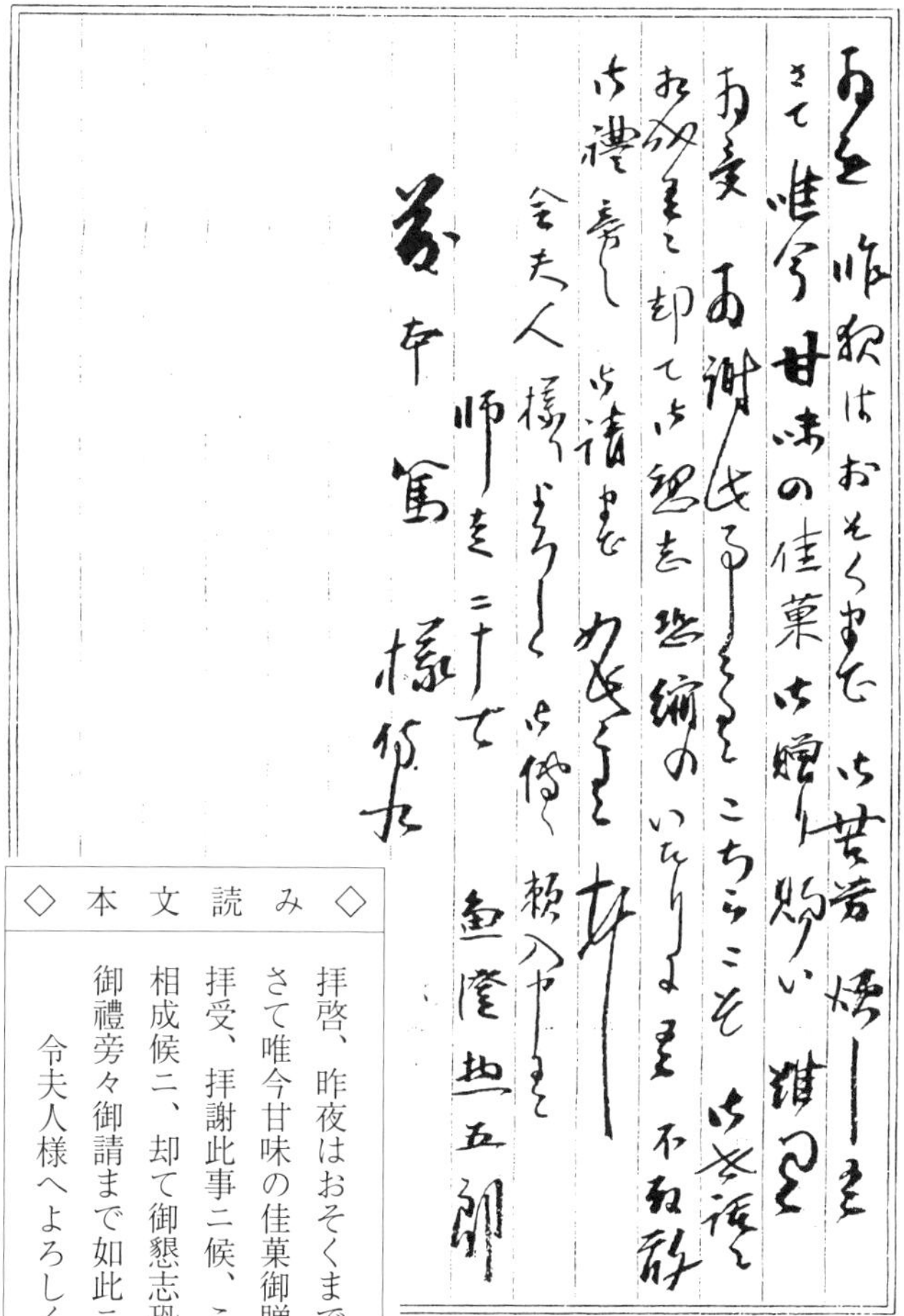

◇本文読み◇

拝啓、昨夜はおそくまで御苦労煩し候、
さて唯今甘味の佳菓御贈り賜い、難有
拝受、拝謝此事ニ候、こちらこそ御世話ニ
相成候ニ、却て御懇志恐縮のいたりに候、不取敢
御禮旁々御請まで如此ニ候、頓首、
　令夫人様へよろしく御伝へ頼入申候、

とをそれとなく教えて下さったのであろう。判り切ったことも随所に書き入れた本書が、いささかでも初学者の方々の判読入門として利用されることを期待し、一読を願う次第である。

最後になったが、専門書でも読み物でもない本書の出版を引き受けて下さった柏書房社長渡邊周一氏ほか編集部の皆さん、本書の企画を進めて下さった芙蓉書房出版社長の平澤公裕氏に深謝する次第である。

一九九四年七月

藤本篤

古文書入門

判読から解読へ

目次

第一章● 古文書の常識

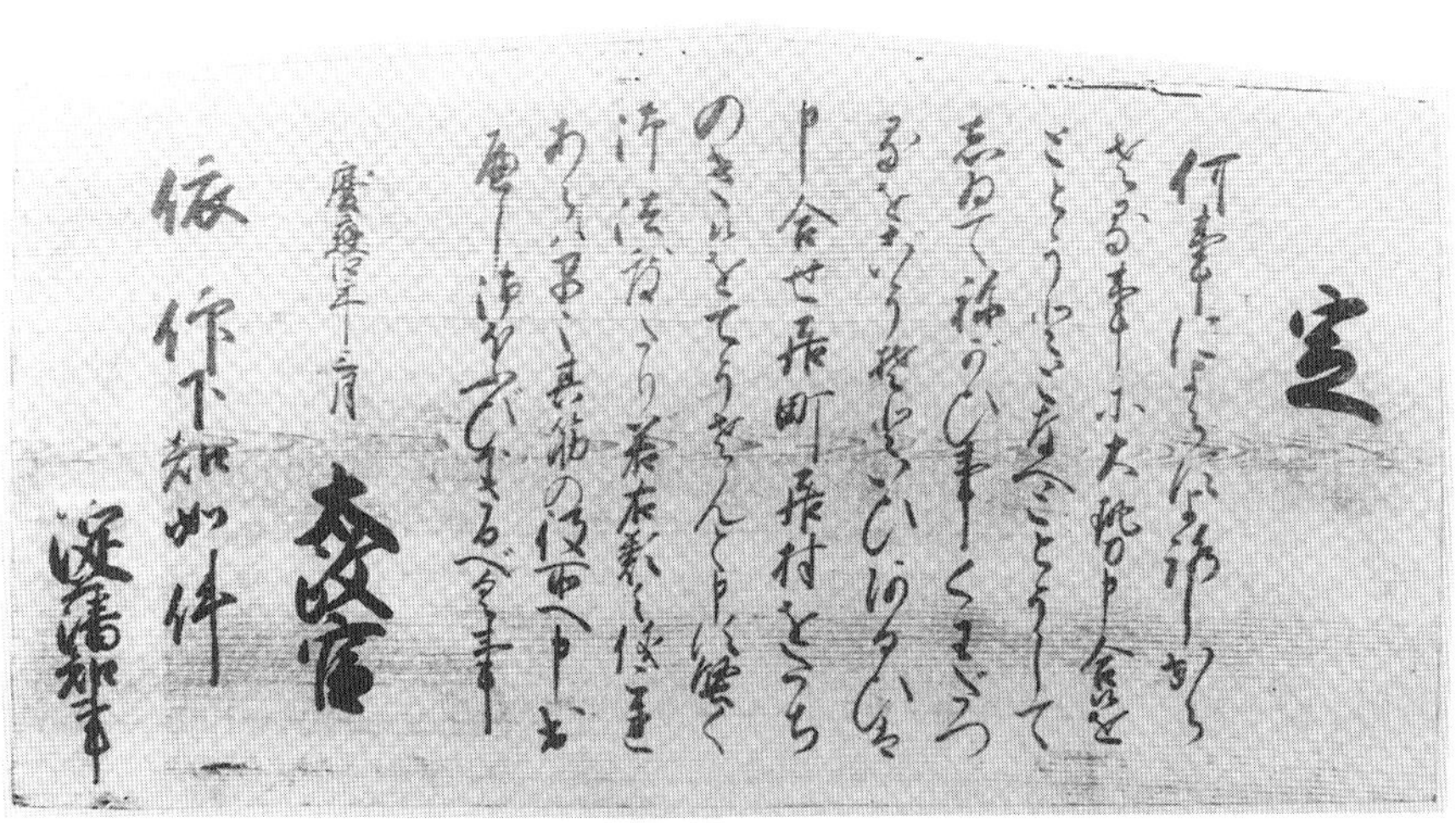

太政官制札（9頁）

定

何事によらす、よろしから
さる事等、大勢申合候を
とうとゝなへ、とゝうして（徒党）
しゐてねがひ事くわだつ（強）（願）（企）
るをごうそといひ、あるひは（強訴）
申合せ、居町・居村をたち（立）
のき候をてうさんと申す、堅く（退）（逃散）
御法度たり、若右類之儀これ
あらハ、早々其筋の役所へ申出
へし、御ほふび下さるべく事、

慶應四年三月　太政官

依　仰下知如件、

淀藩知事

古文書とは何か

古文書を「こぶんしょ」と読まないで「こもんじょ」と読むことは、いまや常識のようになっている。それでは、古文書というのは何であろうか？　「手っ取り早く古文書を読む方法を」と期待された方々には少々退屈だろうが、しばらくおつきあい願いたい。

一般に古文書といえば、漠然と「手で書かれた古い書き物の総称」と考えられやすいが、一口に手書きといっても、それらの中には大別して、①一定の目的のもとに述作された書き物、すなわち編著書・系図など。②後日の心覚えのために書かれた日記・帳簿・記録などの類。③第一人者から第二人者に対して、意志その他を伝達する目的で書き与えるもの。の三種がある。とりあえず手近の辞典類をみると、ほとんどの国語辞典・漢和辞典・百科事典あるいは国史辞典・日本史辞典などには【古文書】の項目が収録されているし、古文書学の専門書・概説書・入門書類には、精粗の差はあっても、必ず最初に古文書の定義が載せられている。

いまそれらのすべてを引用する余裕はないが、要するに「古文書」とは、手で書かれた古い書き物のうちの、③の第一人者から第二人者に対して、意志その他を伝達する目的で書き与えるものをいう。

つまり第一人者（差出人）と第二人者（受取人）の関係を持つもので、**差出人・受取人・事がら**の三条件を備えていれば、紙に手書きされたものに限らず、神社や寺院に奉納された鰐口（わにぐち）・銅鐘・石灯籠・経筒・仏具などの石や金属に彫られたり刻まれた願文・銘文、あるいは願意をこめて木製の絵馬などに書かれたものや、高札（こうさつ）に書かれた禁制・告示であっても、それらが過去の事実を物語る歴史資料、すなわち史料として意識されるものであれば、いずれも古文書ということができる。

一例を示そう。大阪府貝塚市の願泉寺境内鐘楼で毎朝撞き鳴らされる銅鐘（梵鐘）には、

大和国広瀬郡箸尾郷大福寺推鐘也
　貞応三甲辰二月　日　願主　一円阿弥陀仏
という銘文が刻まれ、さらに、
和泉国南郡木島庄水間寺推鐘
　康正二年丙子卯月七日仁買取也
　　　願主　一阿弥陀仏

水間寺ヨリ海塚之寺内令買得也
　　　願主　卜半斎
　天正十三年乙酉十一月三日
と二度にわたって追刻されている。差出人はそれぞれの願主、受取人は不特定多数の寺院参詣者であり、事がらによると、もともとこの銅鐘は鎌倉時代の貞応三年（一二二四）二月に、大和国広瀬郡箸尾郷（奈良県北葛城郡）の大福寺の推鐘として造られ、その後、室町時代の康正二年（一四五六）四月に、和泉国南郡木島庄（大阪府貝塚市）の水間寺に買い取られた後、さらに天正十三年（一五八五）十一月三日、水間寺から海塚之寺内（かいづかじない）（貝塚寺内）の御坊が買得したという経緯がわかる。

大福寺から水間寺が買い取った経緯は明らかでないが、『顕如上人貝塚御座所日記』には、織田信長の後をうけて次代の〈天下人〉の地位を獲得し、大坂を直轄地とした羽柴（豊臣）秀吉は、天正十一年九月から大坂築城を開始し、翌十二年から十三年にかけて、かねて秀吉の圧迫に不満を抱き大坂築城に反感を持っていた泉南・紀伊の雑賀・根来衆の討伐を行なった。このとき根来寺に同調した水間寺は「根来寺破滅ノ一乱ニ、堂ノヤ子（屋根）ナド取クヅシ、柱バカリニ成」るほどに破壊されたとあり、それゆえに右の〈鐘銘〉は、災厄を被り疲弊した水間寺から、貝塚御坊（願泉寺）へ売り渡されたという、過去の事実を立証する歴史資料の古文書なのである。

その場合、とくに古文書・古記録などと「古」の字を冠するのは、それらが「過去の事実を物語る歴史資料として意識されるものについて呼ぶ言葉」というほどに考えてよかろう。そうした意識をもってすれば、中世に作成された文書を「中世文書」、近世のそれを「近世文書」と呼んだり、あるいは一括して単に「文書・記録」などといってもよい。

なお、**古文書学**とは、以上のような意義をもつ古文書の諸要素、すなわち①材料、②形状、③字型・花押・印章などの物的史料、④様式、⑤文章内容、⑥文体・用語などの文献史料を対象として、これに学的な体系を附与し、それを研究する学問のことであるが、本書は学以前の問題として、それらの「判読に慣れること」を目的とするので、以下、古文書の常識だけを簡単に触れておく。

いろいろある様式と分類

日本の古文書の様式については、古代の律令のうち養老令の公式令（くしきりょう）に、それぞれの書式・発布手続きその他の詳細な規定があり、平安時代の公文書形式にもこれが受け継がれ、詔書・勅旨（勅書）・位記・勅符・符（太政官符・省符・大宰府符・国符）・移（い）・牒（ちょう）・奏（そう）・解（げ）・令旨（りょうじ）・啓（けい）・奏弾（そうだん）・飛駅（ひえき）・過所（かしょ）などの公文書様式が示されているが、平安時代以降になると文書の傾向も次第に変化して、次のようなものが生じた。

朝廷文書　宣旨・口宣（くぜん）・口宣案（くぜんあん）・官宣旨（かんせんじ）（弁官下文（べんかんくだしぶみ））・蔵人所（くろうどどころ）下文・院庁（いんのちょう）下文・宮庁下文

地方官文書　大宰府庁宣・国司庁宣・国司下文・留守所下文・在庁官人解状

公卿・社寺・荘官文書　摂関家政所下文・諸家政所下文・社寺下文・荘園預所下文・寺院下知状

書札様奉書　綸旨・女房奉書・院宣・令旨・摂関家御教書・諸家御教書・長者宣・国宣

他方、地方豪族として国郡郷司や在庁官人などの地方官、あるいは社寺・権門の荘官、または貴族の家司などから大規模な武士団を結成して中央政権を左右するに至った武家によって、鎌倉時代からは武家独自の文書様式（武家文書）が次々に生み出された。

下文・下知状系統　下文・将軍家政所下文（前右大将家政所下文）・関東下知状・六波羅下知状・室町幕府下知状・足利将軍御判御教書・禁制・掟書・安堵状・裁許状・過書

書札様奉書系統　関東御教書・足利家御教書（管領奉書）・室町幕府奉行人奉書・守護大名等年寄奉書・豊臣氏奉行奉書・五大老奉書・老中奉書

書札様直書系統　武家書下・御判御教書・御内書・施行状・遵行状・打渡状・渡状・催促状・感状・安堵状・宛行状

などがそれである。

このほかに神仏に奉ったり、朝廷や主君に対して注進したり、訴えたり願い出たりするものに、告文・願文・表白・諷誦文・献物状・寄進状・上表・請奏・申文・占文・勘文・解文・申状、あるいは訴状・陳状・答状・勘文・評定文・注進状・注文・着到状・軍忠状などの上申文書があり、証文類にも起請文・置文・遺状・遺言状・譲状・充文・配分状・和与状・質入証文・去文・売券・沽却状・借用証文・預状・契状・義絶状・離縁状などがあって、中世以前の古文書については、それぞれの様式や分類の大綱は成立している。

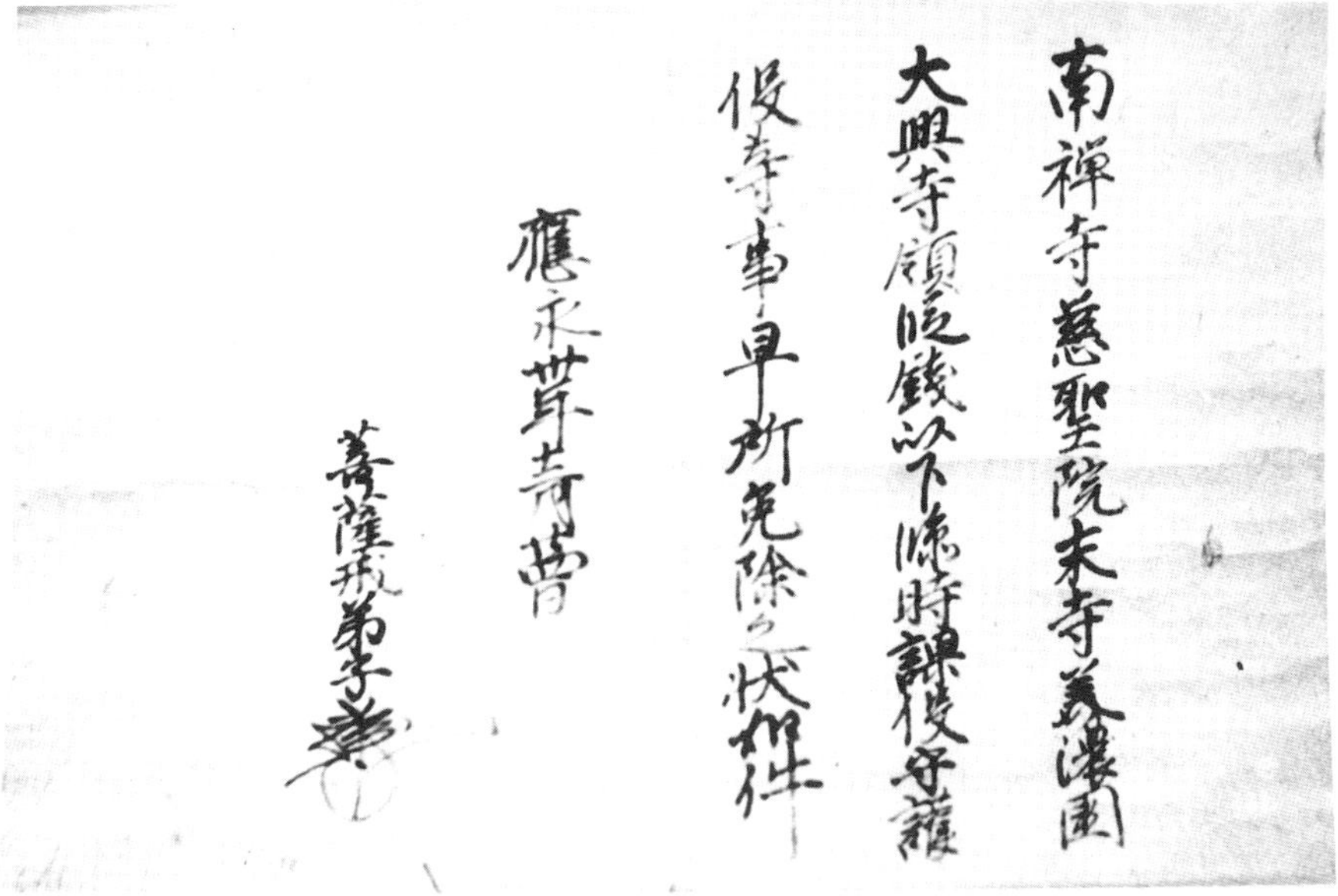
南禅寺慈聖院末寺美濃国
大興寺領段銭以下臨時課役守護
役等事、早所免除之状如件
應永卅年十二月廿四日
菩薩戒弟子（花押）

❶ 竪紙の文書〔足利義持免除状〕

竪紙・折紙・切紙―古文書の形状

先に述べたように、古文書には紙に書かれたものだけではなく、石や金属に彫られたり、木や布に書かれたものもあるが、古代以来、もっとも多く使用されてきたのは紙（料紙）で、その使い方の形状には竪紙・折紙・切紙の三種類がある。

竪紙は写真❶のように、漉きあげた紙（全紙）を広げてそのまま用いたもので、古代の文書はもとより、中世でも大多数の文書の料紙はこの形状である。近世でも比較的尊厳な文書や私文書における証文類は、多くこの形状のものを使用したが、長文にわたるときは二枚以上を継いで用いた。これを続紙とか切続紙などという。

写真❶は、応永三十年（一三九四）十二月二十四日付で、京都の南禅寺慈聖院末寺である美濃国の大興寺（現・岐阜県揖斐郡揖斐川町）に宛て、寺領の段銭（重要事件に際し臨時に費用を田畑に段別に応じて賦課した税銭）以下の臨時課役や守護役（守護が守護所の経費などに宛てるため、管内の荘園・公領などに賦課したもの）などを免除したものである。

この文書は、室町幕府の将軍自身が差出人であることを明示して、みずから花押もしくは署判を加えた「足利将軍御判御教書」と様式は同じであるが、義持はすでに一〇か月前の三月十八日に将軍の職を退いているので、様式としては同じであっても将軍御判御教書とはいえず、その内容から「足利義持諸役免除状」という。「足利義持御判御教書」と呼んでもよい。

差出人は「菩薩戒弟子」とあって、名前は記されていないが、その下に据えられた花押から、室町幕府第四代将軍であった足利義持であることがわかる（花押については後で述べる）。

折紙は竪紙を二つに折って用いたものである。通常は横長に中央で半分に折ったものをいうが、縦長に折ったものもあり、それは通常の折紙と区別して竪折紙という。

通常の折紙は折り目を下にして書くが、書き切れないときには折り目を下にしたまま裏返して書くので、広げたときには文字は折り目を中心に逆方向に書かれていることになる（写真❷）。平安中期以後、竪紙に替わって交名（人名を連ねたもの）や目録・式次第などに用いられはじめたが、料紙の節約にもなり取扱いも便利であるところから武家に好まれて、室町時代末期には幕府の奉行人連署奉書にも用いられるようになり、書状としてもしきりに使用されるようになった。

写真❸の折紙は、慶長十九年（一六一四）三月七日、片桐市正且元が、摂津国東成郡の天王寺牛町の牛売買支配を承認した書下証文である。片桐且元といえば、豊臣秀頼の老臣・後見として著名であるが、徳川家康からも信任され、この文書に拠ると大坂冬の陣が始まる以前から、すでに江戸幕府の摂河泉国奉行を勤めていたことがわかる。

ついでながら、保証を意味する〈折紙付き〉の語は、極書（鑑定書・証明書）が、ほとんど折紙の形状であったこ

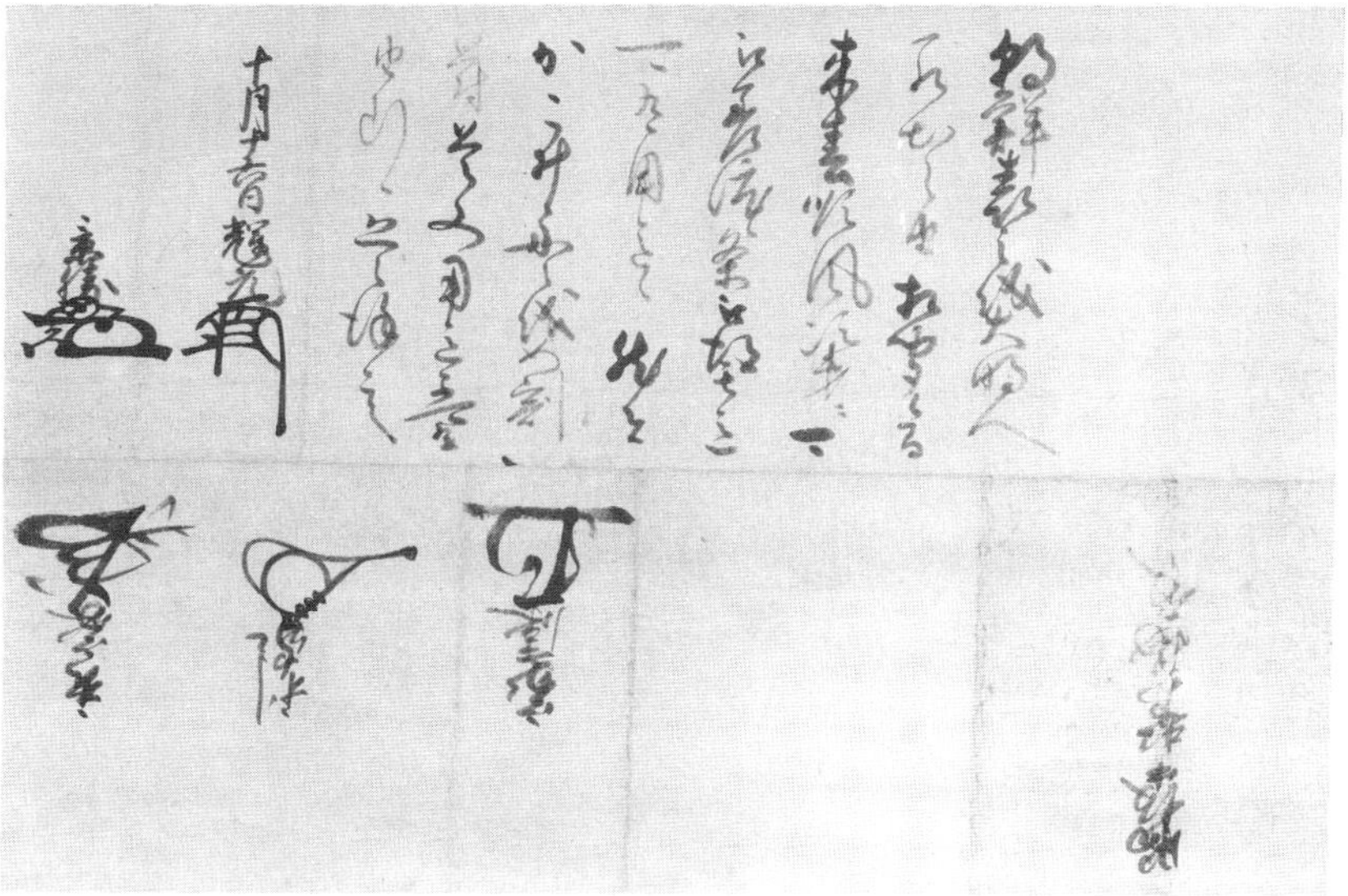

▲❷ 折紙の文書〔豊臣氏五大老連署状〕

❸ 折紙の文書〔片桐且元判物〕▼

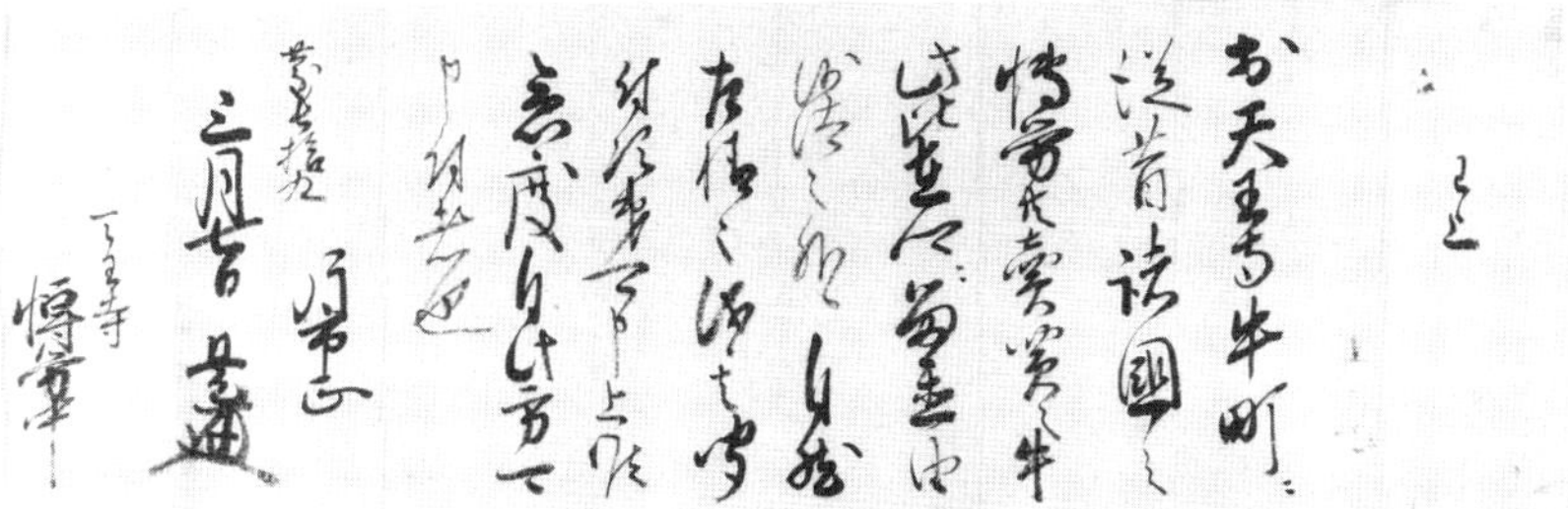

已上
於二天王寺牛町一
従レ昔諸国之
博労共売買之牛
此比在郷ニ留置由、
沙汰之外候、自然
左様之儀候者、聞
付次第可二申上一候、
急度自二此方一可二
申付一者也、
慶長拾九　片市正
三月七日　且元（花押）
天王寺
博労中

とからおこったものである。近世の記録類、例えば「勘定帳」「村小入用帳」などの横帳（横長帳）の類は、この折紙を何枚も重ね合わせて綴ったものである。

切紙は、全紙を広げてそのまま、あるいは半折して使用する竪紙や折紙に対して、その名の示すように全紙の一部を切断して用いたものである。南北朝時代ごろからその例が見られ、荘園の年貢請取状などのように全紙を縦半分または三分の一に切り取ったものや、戦乱時に敵中を通過して密書を伝達するとき敵に気づかれず携帯するのに便利なように、髻（もとどり）（毛髪を頭の上に集めて束ねたところ）の中に隠したと言われる小切紙（こきりがみ）の「髻の綸旨（もとどりのりんじ）」など小型のものもあったが、近世には折紙の折り目のところから半切した半切紙（はんきれがみ）が一般に普及し、折紙とともに普通の書状などに盛んに使用されるにようになった。切紙もまた一枚に書き切れないときには、二枚以上の紙を貼り合わせて続紙としたが、これは切続紙（きりつぎがみ）という。

この切続紙を最初から長くつないで料紙としたのが巻紙である。紙の生産が高まった近世中期から、書状や藩の公用紙などに用いることが普及した。

本紙・礼紙・懸紙

本紙つまり文面の主体となる料紙のほかに、礼紙（らいし）・懸紙（かけがみ）などを添える場合がある。

礼紙は本紙の下に本紙と同じ大きさの紙を重ねるもので、文書の荘重性を加えるとともに、受取人に敬意を表する意味をもつものであるが、本紙の文書に追而書（おってがき）（追伸）をつけるときや、本紙に書き切れないときに、礼紙に書き記すこともあった。

文書は広げたままでは送りにくいので、本紙・礼紙を重ねて折ったうえ、さらに一枚の紙で包み形を整える。この

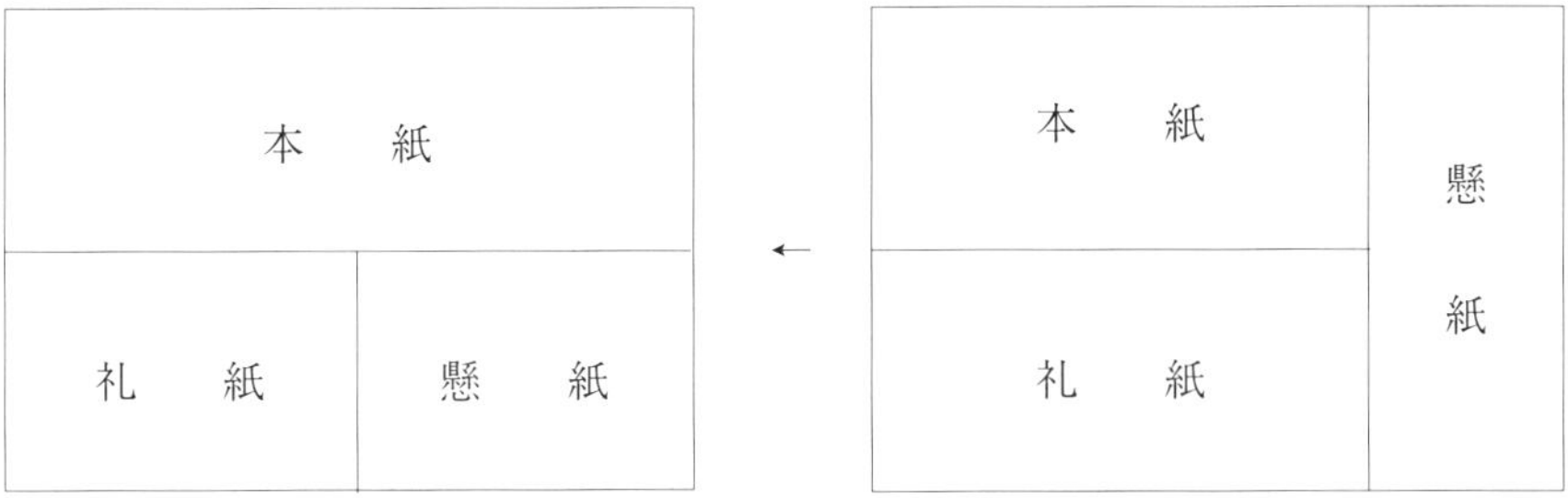

❹ 本紙・礼紙・懸紙

包紙を懸紙といい、封をするときには原則としてこの懸紙を用いるが、室町時代以降には次第に儀礼化・形式化して、図❹右側のように一枚の竪紙を三分の一のところで縦に切り、残りを横に半切して、本紙・礼紙・懸紙にあてることも多くなった。

もっとも、この方法では本紙が小さくなるので、後には図❹左側のように料紙を二分して半切紙を本紙にあて、残りの半切紙をさらに二分して一枚を礼紙、他の一枚を懸紙にあてることもあった。

現在の二重封筒の外側は懸紙に相当し、内側が礼紙の名残りともいえる。したがって便箋用紙一枚で用が足りる場合、わざわざ一枚の白紙（礼紙）を添える人もいるようだが、これを二重封筒に入れると礼紙を二枚重ねることになり、「礼紙本来の意味を知らない」と言われても致し方あるまい。

封のしかたもいろいろ

封の方法にも種々なものがある。最も古い形式として知られているのは**切封**（きりふう）（腰文（こしぶみ）ともいう）で、奈良時代から用いられた。本紙の端を下から三分の二くらいまで細く切れ目を入れ、それを紐のようにして巻きつけ、〆の封じ目を墨書する。礼紙のある場合は、本紙・礼紙を重ねて一緒に切るか、または礼紙だけを切る。本来は別の帯で巻いたもの（帯封）が簡略化したものである。

折封は本紙よりもやや縦に長い紙に包み、上下を折り曲げたもので、公武の公文書

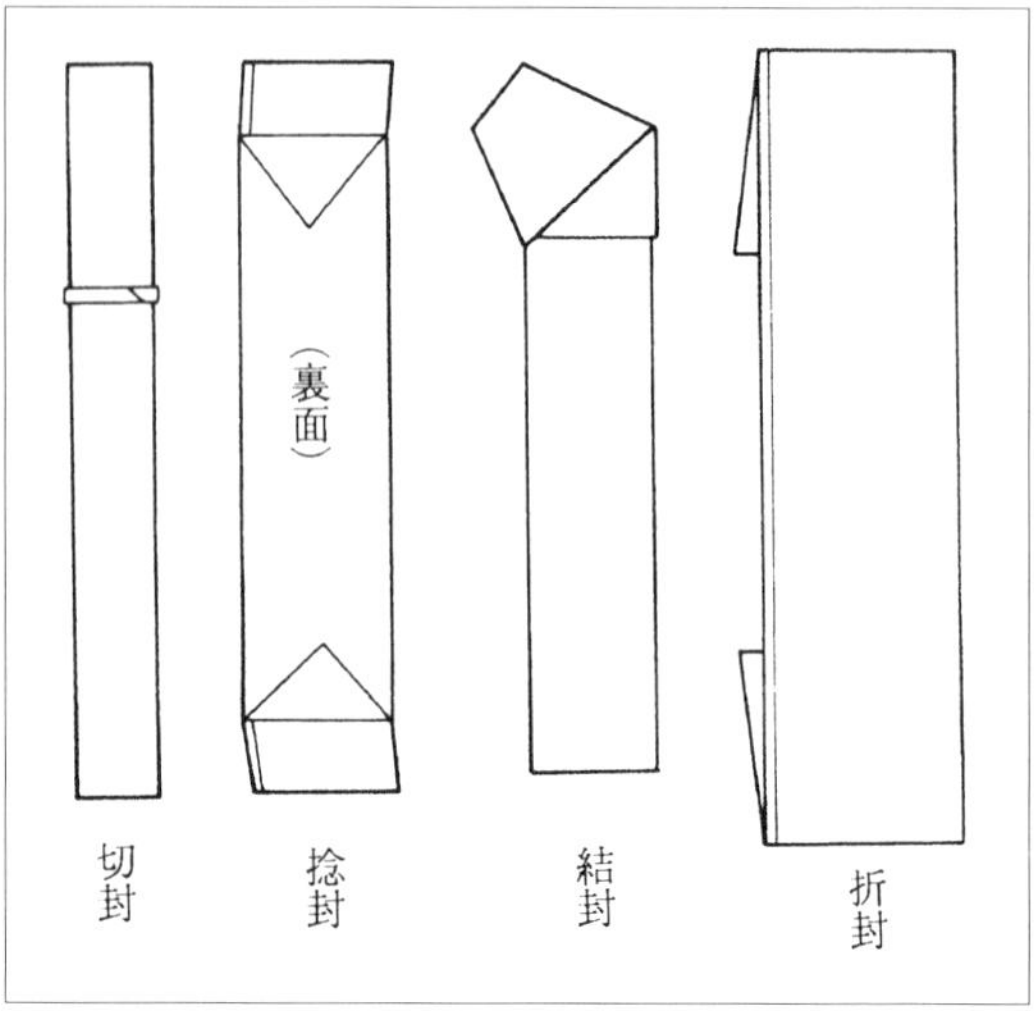

❺　切封・折封・捻封・包封

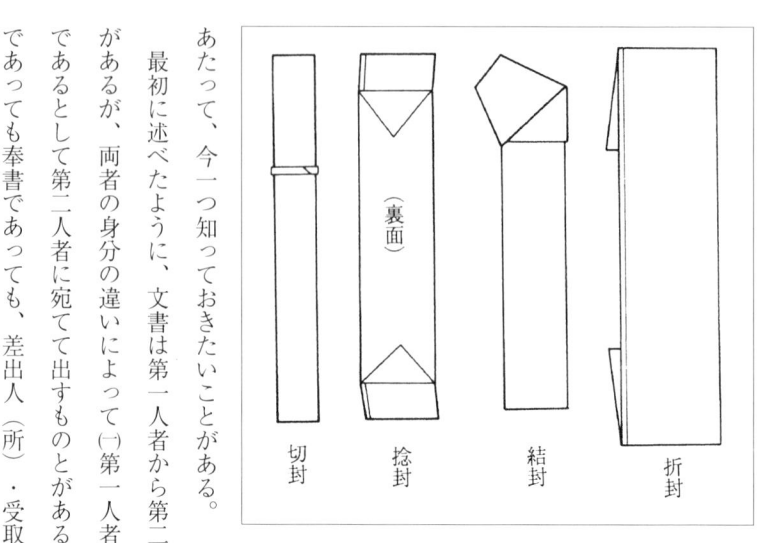

に多く見られる。**捻封**は折封の折られたところを捻ったものである。

これらのほかに、文書を折りたたんで直接上端を結んだ**結封**があり、室町時代から一般化したが、結び目は上部とは限らず、中央部でも結ぶことがあって、伝言や艶書（恋文）などに用いられた。また、江戸時代には紙を斜めに折って包み、その端を糊付けする**包封**もよく用いられ、封筒が普及するまでは、明治時代にも一般の郵便物に使用されていた。

一通の文書を構成するものは？

以上のような料紙の形式や封のほか、古文書の判読・解読にあたって、今一つ知っておきたいことがある。

最初に述べたように、文書は第一人者から第二人者へ何らかの事がらを伝達するものであるから、差出人と受取人があるが、両者の身分の違いによって㈠第一人者が直接第二人者に出すものと、㈡第一人者の意を受けた者が、主命であるとして第二人者に宛てて出すものとがある。この場合㈠は**直書**（直状）であり、㈡を**奉書**という。しかし直書であっても奉書であっても、差出人（所）・受取人（宛所）・事がら（内容）のほか日付（年月日）その他種々の部分で構成されるものであり、古文書学ではそれらの部分について、21頁に例示したように、それぞれ①〜⑭の名称が付けられている。すべての古文書に①から⑭までの部分が揃っているわけではないので、それぞれの名称を説明する

⑭（端裏書→裏面）
⑫御状之趣委細承候、了閑
④尚々今度ハ能折節こちへ参、寺領之事
思召儘相済、於我等満足し候、散々夕
①態令啓候、②昨日者御仕合能、和州も御機嫌ニ
⑤御酒ニ給、酔申候間如此候、已上、
テ御満足推量申事ニ候、将亦継目之折紙之事、
被仰候間、申上候へは、御同心ニ候、乍去散々、
給酔、あたまもあからす臥せり、居候、聽而取
候て、可進之候、可御心安候、今日者国元へ罷帰
可申候、後程御出待入申候、
③恐惶謹言
「慶長九」
⑥八月廿四日　⑦友　次右衛門（花押）⑧
⑨謹上　卜半斎了閑⑩様
⑪参人々御中
⑬右、友松次右衛門自筆ニ紛無御座候、

ために、仮に作成したものである。

この文書では①から③までが本文だが、①の「態令啓候」を**書出し**（かきだし）または**端作り**（はしづくり）といい、②の「昨日者御仕合能…」から③の上部「後程御出待入申候」までの事がらを**中書き**（なかがき）という。③の「恐惶謹言」は**書き止め**（かきとめ）といい、今日の手紙では敬具・拝具・草々・不一などがよく用いられているが、何某誠惶恐々頓首謹言・何某恐惶謹言・誠恐謹言・恐々謹言・謹言・かしくなどがある。

④は**尚々書**（なおなおがき）または**追而書**（おってがき）・**返々書**（かえすがえすがき）などという。奉書系統の文書では私信は書き添えられないため、礼紙を用いて「私申」などの書き出しで、奉者が本文中のことを再説したり、私信を書き添えたりした。鎌倉時代以降の書状では、本紙の袖（右端）の余白を利用して「追申（おってもうす）」云々と書くことが見られ、そののち「返々（かえすがえす）」「尚々（なおなお）」「追而（おって）」の書き出しが用いられることが多くなったので、尚々書・返々書・追而書などと呼ばれるようになった。しかし、やがて折紙書状では追而書を伴うのが一般化したので、それを欠く場合は特に「袖書無之」とか

「以上」といった文字を袖（料紙の右側の部分、左側を奥という）に書く場合もたびたび見られる。

⑤は行間書である。追而書が袖の余白部分に書き切れないとき、本文の行間を利用するのでこの名がある。室町時代以降の女房文（90頁参照）など、最初から行間書を予想して書いたものが多い。

⑥はもちろん日付であり、文書を発行した日を示す。例外もあるが、およそ公文書には年月日、私文書には月日だけを記す例である。日付の右肩に「慶長九」などと小文字で記されているのは、多くは異筆で、受取人がメモのために書き添えたものだが、書札形式の公文書では差出人が最初から小文字で傍記し、または追記して渡す場合が少なくない。

⑦の部分には、公文書では位署書が付けられる。差出人の官職・位階などを書くもので、官位相当・官位不相当・兼官など、それぞれの決まりがある。

官位相当というのは「官位相当令」に基づき、例えば右大臣＝正二位または従二位、左少弁＝正五位下などと位階に相当する官職に就いている場合には、官職・位階順に書く例で、たとえば「右大臣正二位藤原朝臣某」とか「左少弁正五位下某」などとする。これに対し、官位不相当の場合は位階を先に書き、官高位卑（官職が高く位階が低い）の場合であれば位の次に「守」の文字を入れ、その下に官を書く。すなわち、「正五位下守大膳大夫某」といった形である。これが逆に位高官卑であると、位の次に「行」の文字を入れて、「従四位下行大膳大夫某」と書く例である。

また兼官の場合には官位相当と官位不相当とがつきものであるが、その場合には「中務卿正四位上兼守大納言行弾正大弼某」などと、本官・兼官の順に書く。

なお、右のように位署書が兼官などで長くなり、一行で書き切れない場合、たとえば「修理東大寺大仏長官正五位上行左大史兼筭（算）博士備前権介小槻宿祢」などのときは、割書（わりがき）といって、次のように書く。

⑧は花押（かおう）で、文書差出人が自分の発行した文書であることの証明として記した自署の変化したものである。一般的に言って平安時代中期ごろから自署が草書化・模様化されて花押になった草名体（そうみょうたい）が見られ、平安末期から室町時代にかけては、諱（いみな）の偏（へん）・旁（つくり）・冠（かんむり）などを組み合わせた二合体が流行し、また鎌倉時代から同じく室町時代にかけて、諱の一字や諱と無関係な佳字などをくずした一字体が多く用いられた。次いで室町時代からは、花押の天・地に二つの線画を加え、その中間に線画を入れた明朝体が行なわれ、江戸時代に全盛となった。なお花押は自署がたてまえであるが、多くの文書に書く手間を省くため、近世には花押型という花押の印章が用いられることも多かった（24頁❼の左下）。

花押のほかに、この部分には画指（かくし）といって左食指（しょくし）（人差指）の関節を  の形であらわしたものや、図❻のように花押まがいの簡単な図を書いた略押（りゃくおう）や、筆の軸の端で丸く押した筆印（ふで）（筆軸印（ふでじく））、爪の先で墨・朱を押した爪印、あるいは拇印（ぼいん）が押されているものがあるが、これらは花押の代用として教養の低い庶民に用いられた。

また、右の文例では示さなかったが、古文書のなかには、「天皇御璽」をはじめ、有名な織田信長の「天下布武」の印などの印章を押したものが少なくないが、印章に

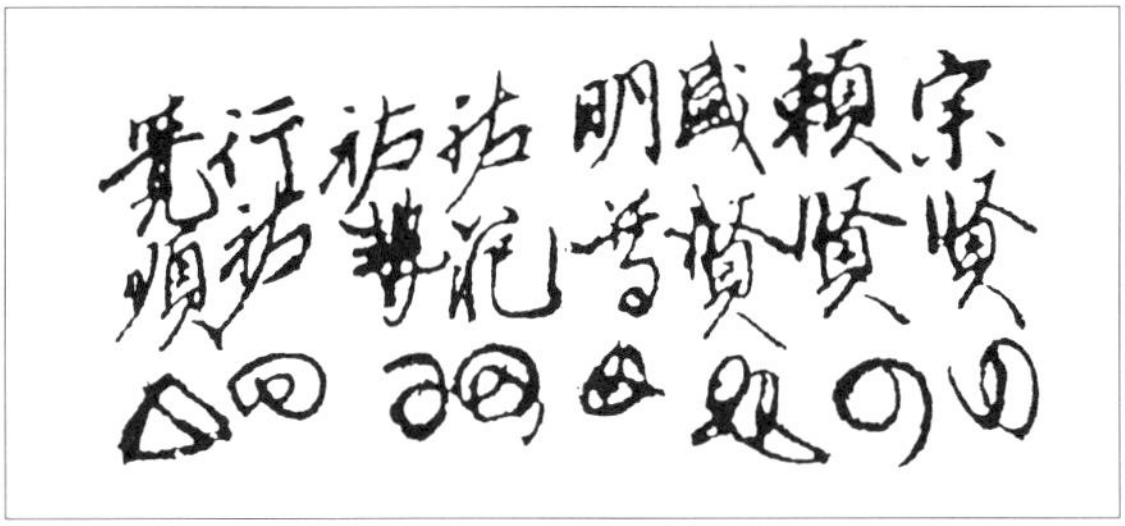

❻　略押

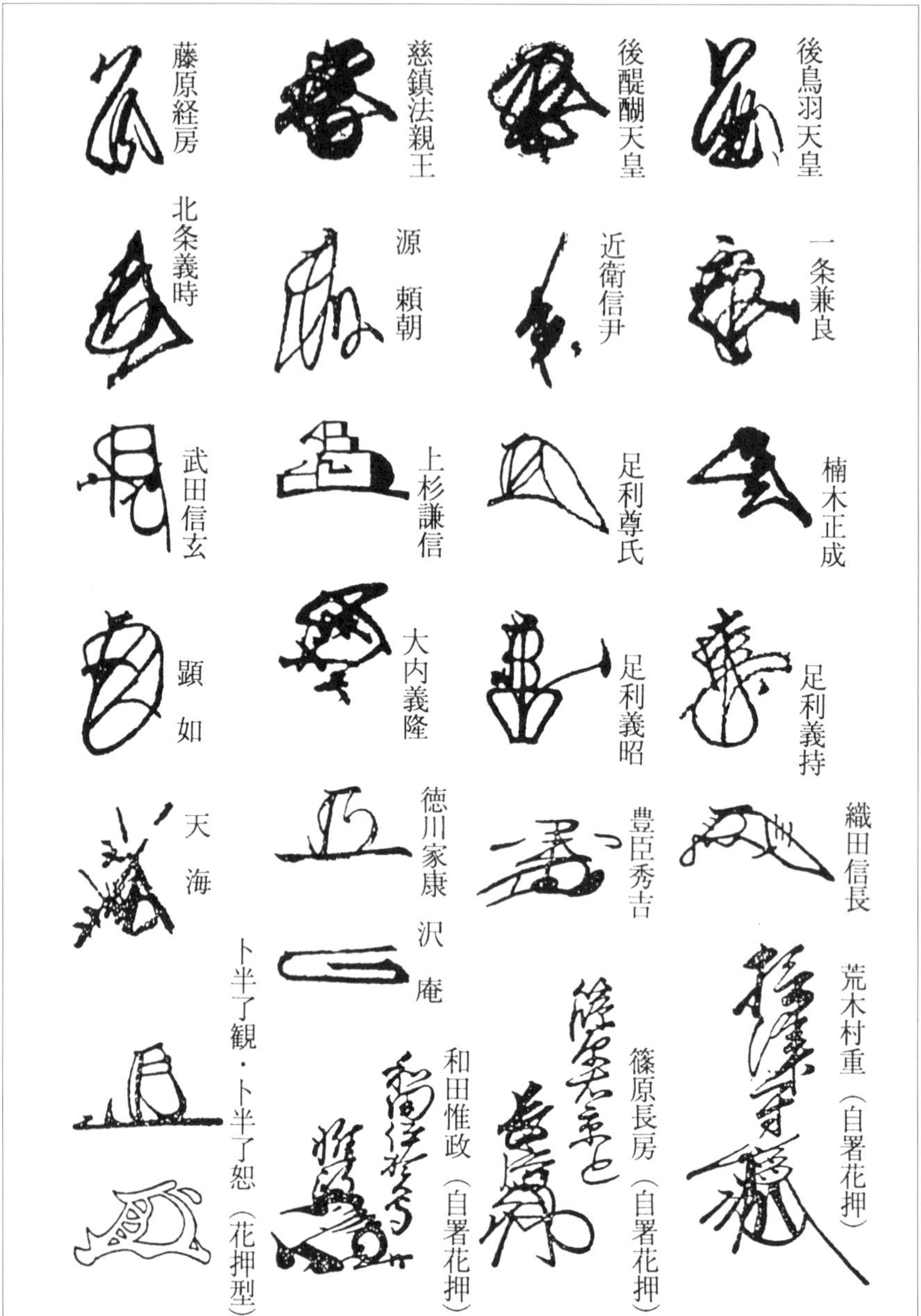
後鳥羽天皇
後醍醐天皇
慈鎮法親王
藤原経房
一条兼良
近衛信尹
源 頼朝
北条義時
楠木正成
足利尊氏
上杉謙信
武田信玄
足利義持
足利義昭
大内義隆
顕 如
織田信長
豊臣秀吉
徳川家康
天 海
荒木村重（自署花押）
篠原長房（自署花押）
和田惟政（自署花押）
沢 庵
卜半了観・卜半了恕（花押型）

❼ 花押のいろいろ

ついては省略する。もっとも、古文書の写しには「在判」と書かれたものがあるが、それは原文書に印章が捺されているという意味ではなく、原本にはもと**書判**（かきはん）すなわち花押が据えられていたことを示すものである。

⑨は**上所**（じょうしょ）（あげどころ）と呼び、「謹上」のほか「進上」「謹々上」などが用いられた。

⑩は**敬語**（けいご）といい、「殿」「様」のほか、武家や神官には「館」、僧侶には「御房」などをつけることが多い。

⑪は**脇付**（わきづけ）で、文書を直接宛てるのは礼を失するとして「参人々御中（まいるひとびとおんちゅう）」「人々御中」とか、側近に取次を依頼する意味で「たれにても申給へ」、さらにまた「御宿所」「御陣所」「御館」「進之候」「まいる」とか「内密」「御密披」、直接相手に見てほしいときは「直披」、返信には「尊答」「御返報」「尊報」など、回覧して最後に返して欲しいときには「回章」「回鱗」「回鳳」などを書き加える。

⑫は**袖書**（そでがき）ではあるが異筆であり、**外題**（げだい）と呼ぶ。差出人よりも高い地位にある受取人が、本文に対して何らかの指令・証明・返答などを紙面の余白を利用して書いたのが外題で、紙面の袖部分に書いているのが通例である。受取人が書くものであるから追筆ではない。

⑬は**奥書**（おくがき）という。書札の文面は袖に二行ばかりの余白を残して、奥は紙面いっぱいに使うのが礼儀とされ、本文が簡単で紙面が満たされないときには、日付と差出人の署名の次に余白を残し、宛名は奥のぎりぎり近くのところに書くが、場合によっては、わずかな余白に受取人または第三者が文書の内容につき証明するような奥書を書くこともある。着到状・軍忠状などもその例である。

それぞれ一例ずつを挙げておく。

【和田助家着到状】

依二土岐伯耆十郎、多知見四郎二郎等事一、和泉国御家人和田修理亮助家、去月廿二日、令二馳参一候、以二此旨一可レ有

二御披露一候、恐惶謹言、

元亨四年十月三日　　修理亮助家（裏花押）

進上　御奉行所

（証判）「一見候了（花押）」

【土屋宗直軍忠状】

土屋孫次郎宗直申、去正月二日於二江州伊岐須宿一合戦之時懸レ先、被レ射二右肘一候上者、賜二御証判一欲レ備二亀鏡一候、以二此旨一可レ有二御披露一候、恐惶謹言、

建武三年正月十五日　平　宗直

（証判）「承候了（花押）」

着到状は、武士が主君から参集の命を受け、または突発の変事を聞いて馳せ参じたとき、到着の旨を報じたもの。軍忠状は武士が従軍して戦闘に加わるとき、その戦歴を記して主君のもとに提出した文書であり、ともに主君が「一見候了（花押）」「承候了（花押）」などと証判（承判ともいう）を加えて返却したもので、後日の証拠書類とさせることもあった。これらもまた奥書の一種である。

ついでながら、近世の訴状・願書・請状のうち、村役人が領主・代官に取次ぐべきものは、庄屋・年寄などの村役人らが奥書して提出する。

⑭は**端裏書**（はしうらがき）で、文書を折り畳んだまま保存する場合、一々開かないでも内容が判るように、「寛正三年二月十日兵粮米之事　寺内三郎左衛門尉」「草刈畠寄進状案文」「近衛殿御教書案」「乗念房寄進状」「するゑたにのせうもんあもん」「サイタノウチノ畠ノ新券文」「国絵図改ニ付き届書」「丑年御成箇割附之事」「糀屋宗兵衛商人宿渡世願書」などと、その部分に要点をメモったもので、主として受取人が書いたものである。

なお、文書の紙背（しはい）（裏面）にその内容を証明するような事がらを書いている文書も少なくないが、これは**裏書**（うらがき）という。

第二章●判読から読み本へ

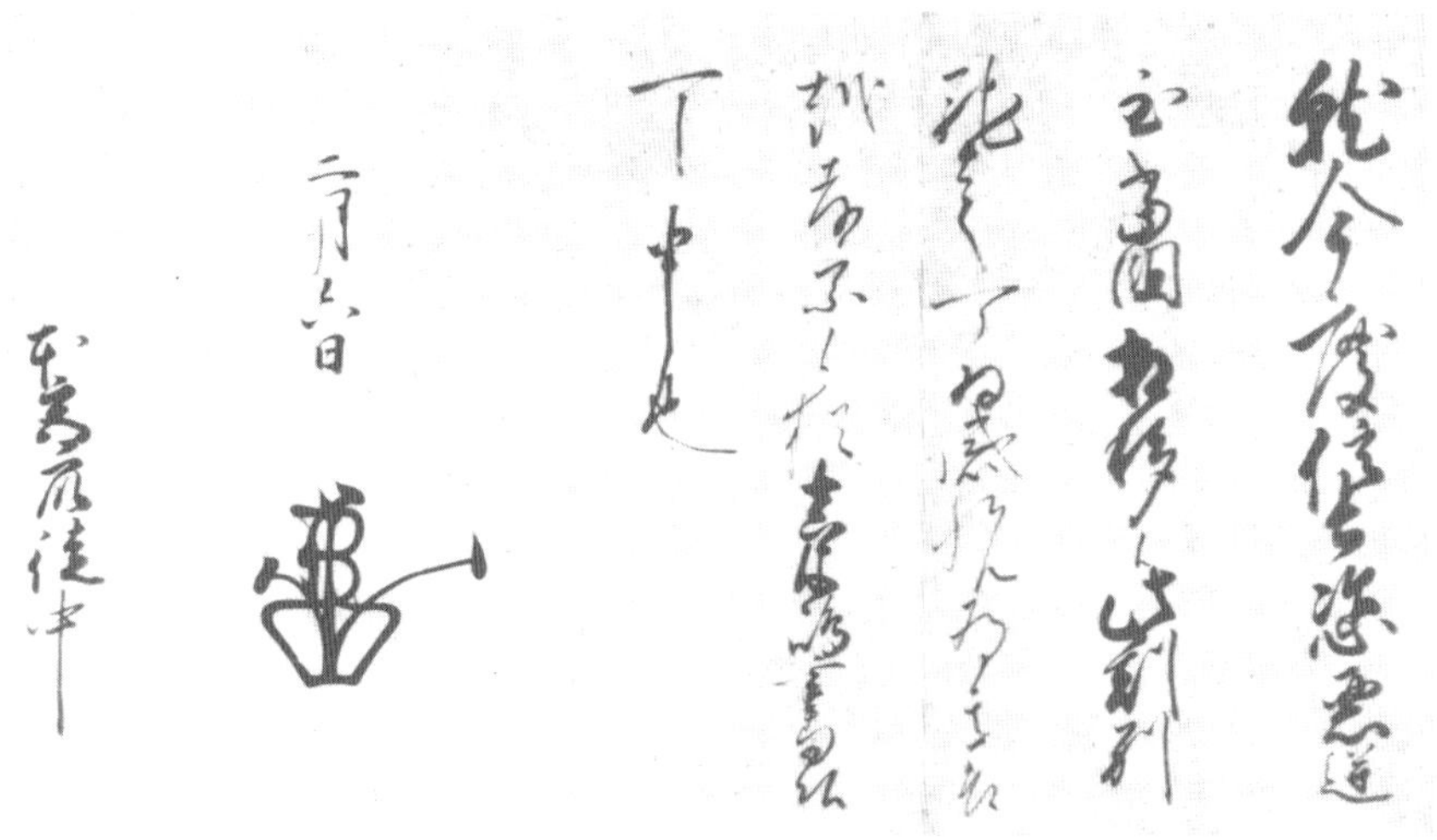

足利義昭御内書（29頁）

就二今度信長恣悪逆一、
至二当国一相移候、此刻別
馳走可レ為二感悦一、為レ其差二
越孝宗一候、猶真木嶋玄蕃頭
可レ申候也、

二月六日　（足利義昭）（花押）

本宮衆徒中

「判読」と「解読」はどう違う？

前章では、中世以前の古文書を含めて、いわゆる「古文書」に関する常識を述べたが、現存する古文書の中でも中世以前の古文書の数は、近世に作成された古文書、いわゆる〈近世文書〉と比べて点数も襲蔵者も少なく、普通一般には限定公開されている歴史資料保存機関のほかは、襲蔵者・所蔵者たちと特別の縁故でもない限り、博物館などの常設展・特別展で見ることができるという程度に過ぎないし、それらを解読するには古文書学や歴史学に関して豊富な知識・経験を必要とする。解読とは「①解釈しながら読むこと。②普通には読めない文章・暗号などを読み解くこと」（『広辞苑』）、「その内容がわからなくなっている古文書や暗号など、普通には読めないものを、読み解くこと。また、解いて、読めるようにすること」（『日本国語大辞典』）であって、真正の文書を「真正なり」と的確に断じ、偽文書を偽作と見破り、写や草案（案・案文）についても、その写された年代を判定し、それらの歴史的な意義づけや解釈をおこない、また他の史料と比較検討して、それらと一致するかどうか判断する能力がなければ、一人前とは言えないのである。

そうしたことから、本書では「先祖が書き残した古文書を読みたい」という人は別としても、「古文書を読んで地域の歴史を調べたい」とか、なんらかの事情で「古文書を読みたい」などという人々が、最も普通、手近に現物を見ることの多い、近世に作成された古文書・古記録の判読を主目的とする。判読というのは、解読と同様に国語の辞典によると「判じて読むこと。意味を推察して読むこと」（『広辞苑』）、「判断しながら読むこと。意味を推察しながら読むこと」（『日本国語大辞典』）であり、古文書の場合はその文書に書かれた文字を「判じて読み」ながら、文書全体の「意味を推察」するのである。

具体的な事例を示そう。32頁に掲げた折紙の写真❶を見て頂きたい。この文書をとりあえず内容を後回しにして、

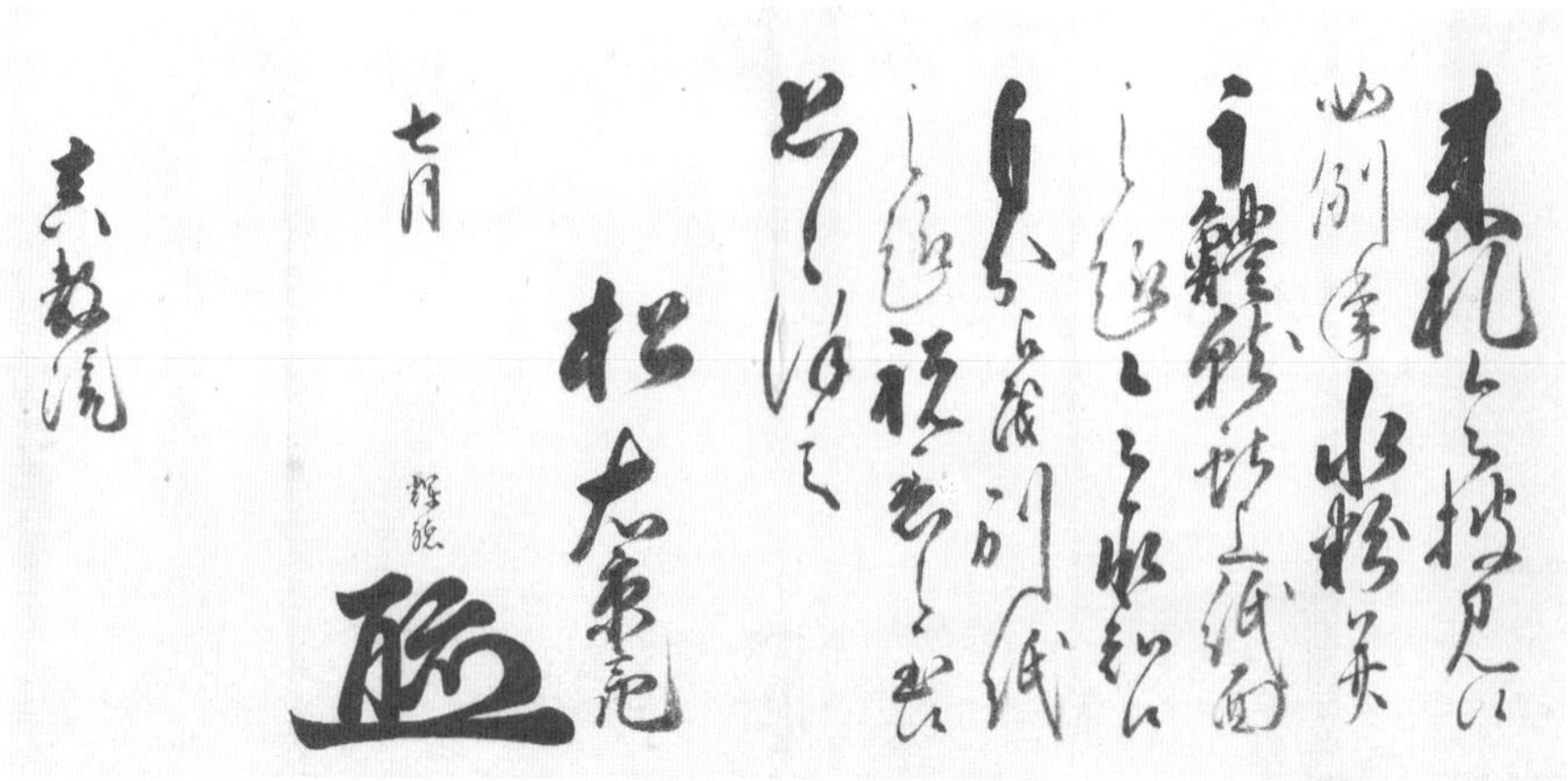

来札令二披見一候、
如二例年一水粉并
干鱧就二献上一紙面
之趣令二承知一候、
自分江茂別紙
之趣、祝着之至候、
恐々謹言、
松　右京亮
七月　輝聴（花押）
真教院

❶　松平輝聴返状

写真下のように読むのが判読であり、本文を読み下すと次のようになる。

来札披見（らいさつひけん）せしめ候。例年の如（ごと）く水粉（みずのこ）ならびに干鱧（ほしはも）献上に就いて、紙面の趣き承知せしめ候。自分へも別紙の趣き祝着（しゅうちゃく）の至り候。恐々謹言（きょうきょうきんげん）

この文書の差出人（発行者）は、もちろん「松　右京亮輝聴」、受取人は「真教院」である。しかし仮に全文判読できたとしても、差出人や受取人はいったいどんな人だったのか？「水粉」とは何なのか？などといくつかの疑問が残るであろう。

そこでいろいろと考えを廻らすと、差出人の花押は大きく立派なうえ、署名の「松」の字の下が一字分空けられているから、本姓のほかに将軍家から「松平」姓を与えられた大名らしい。また本文中には「水粉并干鱧就献上」とか「自分江茂…」などともある。そうした人物が「献上」といえば将軍家であろう。そうなると将軍家への献上物を取り次ぎ、受領の返状を発行する人であれば奏者番である。奏者番の経験者で「右京亮輝聴」という名の大名を探せばよい。

私どもが学生であった時分と比べて、近年は参考とする図書に事欠かない。『徳川実紀』『柳営補任』『国史大辞典』、あるいは『藩史大事典』『三百藩主人名事典』などから、手当たり次第に探し出しても、該当者として上野高崎藩八万二千石大河内家第九代当主大河内輝聴（おおこうちてるとし）の名が浮かび上がってくる。これらの書物によると、輝聴は嘉永二年（一八四九）正月に奏者番となり、同五年七月には寺社奉行見習、安政三年（一八五六）寺社奉行に昇進している。

それでは「真教院」という受取人は、どんな人だったのか？　正直に言ってこれはなかなか判るまい。種を明かせばこの人物は、本書の最初に触れた和泉国貝塚寺内町の地頭であり、かつ貝塚御坊願泉寺の住持であった卜半（ぼくはん）氏第一二代の卜半了諦なのである。卜半氏と徳川氏との関係は、慶長五年（一六〇〇）九月、徳川家康が関ケ原戦勝の

禁　制　　泉州貝塚本願寺新門跡寺内

一、軍勢甲乙人等濫妨狼藉の事、
一、放火之事、
一、山林竹木伐採之事、
右条々堅令㆓停止㆒畢、若於㆓違乱輩㆒者、速㆑処㆓厳科㆒者也、
仍下知如㆑件、
（朱印）慶長五年九月廿一日

泉州貝塚
卜　半
和泉国貝塚本願寺下卜半寺内諸役令㆓免許㆒の処如㆑件、
慶長拾五年六月廿六日　（家康黒印）

帰途に禁制を出し、さらに同十五年の寺内諸役免許状下付に始まる。元和三年（一六一七）には、京都所司代板倉勝重の取次ぎをもって、二代将軍秀忠から家康同文の朱印状を下付され、以後、将軍の代替わりごとに同様な朱印状を与えられるのが慣例となった。

前掲の松平右京亮輝聴書状に見える「水粉」とは、大麦の粉を固く捏ねて長い和紙袋に入れたものである。用法は一袋分に砂糖を四分の一斤ほど混ぜ、清水五合くらいを加えて飲用するが、一夜井戸の中に浸しておけば、「清涼なること、よく炎暑を避く」という。少しずつ使う時は袋内で固くなっているため、削って用いる。卜半氏の家伝によると、慶長十五年に卜半二代了閑が持参して徳川家康に献上したのが最初といい、知名の人々との往復文書も「水之粉」「水粉」の礼に及んでいるものは少なくないが、その名声が御水尾天皇の上聞に達して、野之宮大納言定逸から東本願寺門主宣如を通じ、禁裏御用の旨仰せ出されたこともあった。「干鱧」もまた大阪湾に面する貝塚浦の名産であった。

したがって、前掲の「松　右京亮」から「真教院」に宛てられた文書は、卜半了諦が例年の通り「水粉」「干鱧」を将軍家へ献上したことについて、奏者番大河内輝聴が発行した返札であること、日付の「七月」は、了諦が願泉寺住職となった年が弘化三年（一八四六）六月、没したのは明治十年（一八七七）十一月二十二日であるから、輝聴の奏者番在任期間中の嘉永二年（一八四九）七月から、寺社奉行見習となった同五年七月以前の三年間に絞られてくる。

一通の文書を読んで、この程度のことがわかれば、まず解読できたといっても差し支えないであろう。

地道な努力が最善の方法

いささか横道に逸れた感があるが、このあたりで判読を始めよう。判読に慣れるには最初から難しいものを読もうとしないで、やさしそうなものから書き写していく。読めるものを一々書き写すのは時間の無駄だ！　と思う人々は決して少なくないであろうが、私自身の苦い経験から、頭で覚えるよりも身体で覚えることをお薦めする。

またまた脱線で申し訳ないが、私が「古文書」「古文書学」というものを知ったのは、大学で日本史学を専攻するようになってからである。汗顔の至りであるが、子供のころ生家にも近世文書の類はかなりあったものの、それらが歴史研究の重要な史料であることを教えられるまで、単に「古い書き物」として意識にも留めていなかった。

もっとも大学での講義は「古文書学」で、その判読・解読については学生の自習に任され、教授研究室の隣部屋には、『古文書時代鑑』や近世文書の束が置かれていただけであった。

〔注〕『古文書時代鑑』は、東京帝国大学文学部史料編纂掛（現在の東京大学史料編纂所の前身）によって大正十四年（一九二五）から昭和二年（一九二七）にかけて編集・刊行された古文書集。当時の写真印刷では最高技術であったコロタイプ版によるもので正編・続編二輯（各帙入り）。昭和五十二年に上巻・下巻が復刻刊行された。

しかし、新制大学第一回の学生で先輩もいなかった私は「師の心、学生知らず」とでもいうか、時々それらを鑑賞する程度に過ぎなかった。ところが、ある日、先生が「少しは古文書に慣れてきたか？」と『古文書時代鑑』の中からたまたま一枚を抜き出されて、自習の成果を試されたことがあった。偶然にも「藤田東湖自筆正気歌」である。偶然というのは、私は太平洋戦争の始まった昭和十六年に中学校入学、田舎のこととて通学の不便から寮（寄宿舎）に入ったが、舎監長が国漢の先生であったため、寮生には毎週月曜日に内外・古今の名文や漢詩を印刷したものが配布され、週末に暗誦の成果を試されて、不合格者は日曜日の朝食が与えられなかったため、とにかく意味も分からぬままに丸覚えに勉めた。「正気歌」もそれらの一枚で、すっかり丸暗記していると思い込んでいた私は、「こんなもの、中学生でも知っている。読みの練習にはならない」と集団に加わらなかったが、突然、先生から「後ろの方でニ

ヤニヤ笑っている学生、もっと前に出て声を出して読んでみろ！」と指名された。そこで記憶をたどりながら、

天地正大の氣、粋然として神州に鍾る。秀でては不二の嶽となり巍々として千秋に聳ゆ。注いでは大瀛の水となり洋々として八洲を環る。発しては萬朶の桜となり、衆芳与に儔し難し。凝っては百錬の鉄となり鋭利鍪を断つべし…（原文はすべて漢字）。

と、いささか調子よく読み（暗誦）進むうちに、あと二行ほどになって「唯有斯気随」の「随」という字が読めない。なんとか記憶を呼び戻そうと考え込んでいたところ、先生から「君、天井には書いてないよ！　もっと真面目にやれ！」とひどく叱責された。

これ以来、判読力を身につけるため「筆写」につとめたが、一度身につけた癖は直らないもので、どうしても文字そのものを一字一字ずつ読まないで、全体の文章や前後の文字から「こうあるべきだ」と勝手に思い込み、誤読をすることがたびたびあった。読めない文字を文章の前後の文字から判断するのは、たしかに一方法には違いないが、やはり最初は地道に一字ずつ筆写して身につけることが最善の方法であることが判ったのは、卒業間近になってからであった。

恥の上塗りになるが、翌年、日本史学専攻の学生も増え、先生は古文書学の講義の間に「一度自習の成果を試そうか？」と中世の原文書を学生の数だけ持参されて学生に原稿用紙を配付され筆写を命ぜられた。「時間の都合上」という理由はあったが、一通につき数行（合計七〇〇字前後か？）が筆写の対象とされ、その数行分の前後は意地悪く白紙で隠されていて、全体の内容は判らないようにしてあった。筆写時間は一通につき八分。八分過ぎると隣の席へ廻し、全員が同じ条件で筆写するという方法である。八分間あれば大丈夫と思ったが、実際に筆写にとりかかると考える時間はほとんどない。一字だけ読めなかったがそのまま提出した。

次の週に結果の発表があった。間違いの多かった者から順に「○○君マイナス一八二字」「◇◇君マイナス九一字」などと読み上げられ、やがて私の番になった。結果は誤読が四字あってマイナス四字。がっかりする反面いささか得意にもなっていたが、ふと気づくとあと一人残っている。「最後はY君のマイナス三字」。Y君（後の国史担当教授・人文学部長）は、一年違いの下級生であるが、旧制の高等学校理科甲類や経済専門学校を転々して新制大学に入った私よりも三歳若い。その夜は反省よりも悔しさが先立って、なかなか眠れなかった。

そこで、先生に再度のテストを懇願したが、やがて卒業間際になってその機会が与えられた。間違いなく全部読めたと思っていたが、意外にも誤読が二字。Y君が間違ったのはわずか一字。そのときの先生の御言葉は終生忘れられない。

「…また負けたな。わずか一字違いだが、今回はY君の二倍も誤読したことになる。文書の一部分でなく全文を示せば、恐らく君は前後の文章から判断して「かくあるべきだ」と間違いなく全部読めただろうとは思う。しかし、いつまでも二〇歳時のIQ二〇〇が続くものではないし、古文書は要領がいいだけでは読めないものだ。Y君のノートを見たことがあるか？　彼は新たな文字に出会うと必ずノートに写し取り、自分の辞書を作って絶えず眺めているようだ。頭の中の慣れと記憶に頼る者と、時間をかけて実際に手を動かし、一字一字を大切にして文字の起筆の順序から身体に覚え込ませた者の差が出たな！　性格の違いもあろうが、時間と努力を惜しんでは大成しないことだけは、社会人になっても絶対に忘れないでいてくれ…」

一字ずつ書き写すことから

用意する物は原稿用紙と鉛筆。万年筆やボールペンは原文書を汚染する恐れがあるため使用しないが、写真・コピー

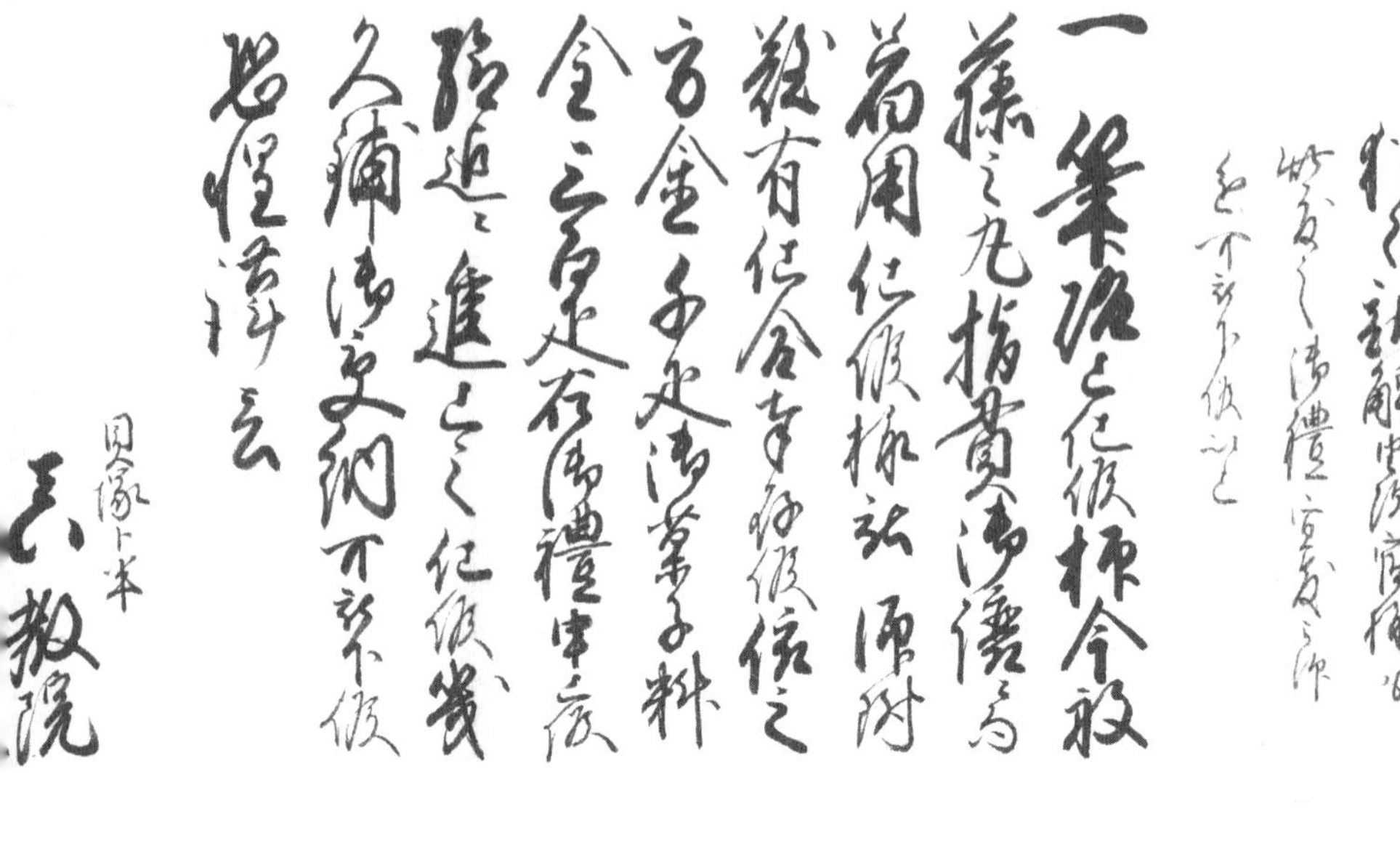

❷ ト半了真書状

の場合にも、鉛筆使用の癖をつけておく。字詰めに合わせて一行ずつ筆写するため、原稿用紙は三〇字詰めか二五字詰めのものがよいが、入手できなければ二〇字詰めでもよい。最初は時間の無駄などと考えないで、一字ずつ書き写していくが、読めない文字は原稿用紙のその部分を空白にしておく。一字と思っていたものが二字であったり、二字と思ったものが実は一字であったりするからである。こうして大部分が筆写できた後に原文を読み直すと、読めなかったため空白にした文字が、前後の関係から推察できて案外読めることがある。

とりあえず一通の文書の一部分を見よう。写真❷は、くずし字も少なく読みやすいものの例である。「この程度なら一々写す必要はない」と思われる方もあろうが、とにかく労を惜しまず原稿用紙の最初の一行目に①②③④⑤…⑪⑫⑬と番号を付け、一字ずつ書き写してみて頂きたい。

もちろん最初は文章や内容は無視して、一字ずつ

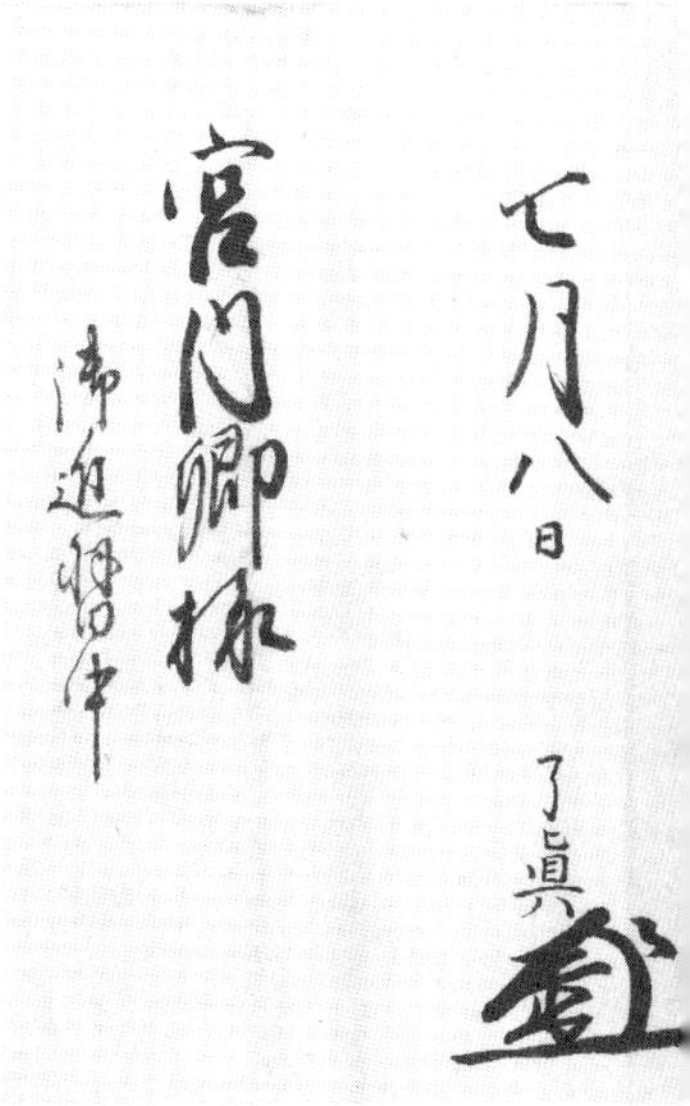

読めるものから拾い読みして転写する。参考までに「古文書は見たことがないが、将来は建築史を学びたいので読めるようになりたい」という工学部の学生に、二〇分間で転写してもらったところ39頁のAのようになった。

A

①②③④⑤⑥⑦⑧⑨⑩⑪⑫⑬
一行目　□□□解□次□様□□
二行目　□度之御礼□□ら□
三行目　□可□下□□□
四行目　一筆啓上□□□今般
五行目　藤□丸指貫御□□□
六行目　着用仕□様□□附
七行目　□有仕合□存□依之
八行目　方金千疋御菓子料
九行目　金三百疋右御禮申上□
一〇行目　□□ニ進□□仕□□
一一行目　久鋪御□納□□下□
一二行目　□□□□

B

①②③④⑤⑥⑦⑧⑨⑩⑪⑫⑬
一行目　□□□解□次官様□□
二行目　□度之御礼□□ら□
三行目　□可□下候以上
四行目　一筆啓上仕候□今般
五行目　藤之丸指貫御□□□
六行目　着用仕候様□□附
七行目　難有仕合奉存候依之
八行目　方金千疋御菓子料
九行目　金三百疋右御禮申上候
一〇行目　□□ニ進上之仕候□
一一行目　久鋪御□納可□下候
一二行目　□□□□

【判読】

猶々勘解由次官様へも此度之御禮宜敷被仰進可
被下候、以上、
一筆啓上仕候。抑今般藤之丸指貫御譲ニ而着用仕候
様被仰附、難有仕合奉存候、依之、方金千疋、御菓
子料金三百疋、右御礼申上候験迄ニ進上之仕候、幾
久鋪御受納可被下候、恐惶謹言、

七月八日　　貝塚卜半
　　　　　　真　教　院
　　　　　　　了真（花押）

宮内卿様
　御近習中

【読み下し】

猶々(なおなお)、勘解由(かげゆ)次官様へも此度(このたび)の御禮、宜敷(よろし)く仰せ進め下さるべく候。以上。
一筆啓上(いっぴつけいじょう)仕(つかまつ)り候。抑(そもそも)今般藤之丸指貫(さしぬき)御譲りにて、着用仕り候様(よう)仰せ付けられ、有難き仕合(しあわせ)に存じ奉り候。これに依(よ)って方金千疋(びき)・御菓子料金三百疋(びき)右御礼申し上げ候験(しるし)迄に進上仕り候。幾久鋪(いくひさしく)御受納下さるべく候。恐惶謹言。

［注］
指貫＝布袴(ほうこ)・衣冠または直衣(のうし)・狩衣(かりぎぬ)のとき着用する袴。
方金・疋＝方金は江戸時代の方形の金貨で一分金・二分金・一朱金・二朱金などがある。千疋は金二両歩。

誤読は二行目⑩の一字だけ。彼の話では、四行目③④は読めなかったが「一筆」の次だから「啓上」だろうと考えたという。

そこで「いわゆる候文」であること、文字数は総数一〇一字、そのうちに「候」が七回、「御」が五回、「之・被・上・仕」は各四回、および「様・禮・可・下・進・金・疋」と片仮名の「ニ」が各二回などと複数回出てくるので、実際の文字の種類としては七一字だけであること。などのヒントを与えると、しばらく考えた末、**B**のように新たに一八字が加えられた。

残りの一部は当時の用語・用字であり、一行目から三行目までは「尚々書」で書き出しを「猶々」とも書く。一行目⑤—⑨は「勘解由次官」、一二行目の四文字は書止めの「恐惶謹言」であり、五行目の⑧⑨は片仮名の「ニ」と漢字の「而」とで「にて」と読む。また二行目⑩を平かなの「ら」と読んだのは誤読であって、これは漢字の「被」を「られ」と読み、次行目にかけて「被二仰進一可レ被レ下候」（仰せ進められ下さるべく候）となる。一一行目⑦も「被」。四行目⑦は六行目⑤「様」の木偏と間違いやすいが、手偏の「抑」で「そもそも」と読む。五行目⑦は言偏の「譲」であり、七行目①の旁は「隹」で「難」、その下の「有仕合」と併せて「難レ有仕合」すなわち「有難き仕合せ」となる。一〇行目①は馬偏の「験」、②は旁の「占」と「辶」（しんにょう）とを併せた俗字であるが、「迠」の代わりに用いることが多い。全文は右記の通りである。

最初から字数の少ないものを見てきたが、自信をつけるために同じような文書で反復練習することにしよう（42頁写真❸）。紙面の都合で、この文書もまた受取人名は省略したが、原文書には「貝塚卜半真教院」とあり、差出人は32頁の文書と同じく、徳川将軍家の奏者番であった大名である。

参考までに言うと、字数は差出人名・日付を合わせて五四字、容易に読める日付の「六月十三日」と差出人名のうち「女」「正」を除くと四七字。くずし方は少々違うものの、すでに32頁の松平輝聴返状で見た文字が**令**・**候**・**之**・**獻**・**上**・**恐**・**々**の七種（一一字）、また38頁以下で読んだト半了真書状により**被**が読めるから、宛名を省略し、前例によって原稿用紙のマス目に埋めていくと、次のように三五字だけが残る。

こうして一字ずつ拾い読みした後に、はじめて㈠意味内容を考えながら読み直す。㈡漢字は偏・旁・冠・足などをバラバラに分解して、読める部分だけを書いておき、もう一度文章の続き具合や意味内容を考えながら読み直すとよい。

❸　土屋寅直書状

①②③④⑤⑥⑦⑧⑨⑩⑪
一行目　□□令□□候□□□
二行目　□□候□□□□□□
三行目　□□之□候献上□□
四行目　□□被□□□□□□
五行目　之□候恐々□□
六行目　　□□□女正
七行目　六月十三日　□□（花押）

最初だから□の部分を埋めておこう。写真❸は返札であるから、書き出しの一行目①—⑥は、現在の表現で言えば「お手紙拝見しました」などという挨拶であり、①—②は**芳墨**（ほうぼく）と読む。他人の手紙に対する敬称で、同様な表現に「芳翰」「芳札」「貴翰」「貴札」などがある。「墨」という文字は、分解すると「黒」と「土」とから成っていることに注意。④は艸冠（くさかんむり）、⑤は言偏（ごんべん）の文字。合わせて**薫誦**となる。⑦は平かなの「め」＝漢字の「女」に似ているが実は**如**で、「○○の如（ごと）く」とか「如（ごと）し」と読む。⑧—⑨**承意**。「意」の文字は近世文書にはたびたび出てくるから、しっかり覚えて頂きたい。ここでは⑦—⑨で「如二承意一」すなわち「承意の如く」と読む。二行目①—⑤は**甚暑候得共**と書いて「甚暑候えども」と読む。「候得共」も近世の書札には頻出するので、この形で覚え、書写のとき「得共」はやや小さめに書くとよい。⑥は**弥**で「いよいよ」と読む。⑦は**御**。前掲の卜半了真書状の「御」よりも、もっとくずしているものであり、この形も頻出する。⑧—⑨は**無異**。三行目の①—④は**珍重之至**。⑧は二行目の⑦と同字である。⑨は**紗**で糸偏はこのように書くことが多い。四行目の①は**両**、②は禾偏の**種**、④は**懸**、⑥—⑦は**御意**。③—⑥で「御意に懸けられ」と読み、⑦は辶の**過**。五行目②は**至**。⑥—⑦の**不備**は「謹言」「敬具」「拝具」「頓首」「草々」「不具」などと同様に書状の末尾に添える語である。六行目から七行目にわたる差出人は**土屋采女正寅直**で水戸の徳川斉昭の従兄弟。常陸土浦藩九万五千石土屋家第十代藩主で天保十四年に奏者番となり、寺社奉行を経て嘉永三年には大坂城代となっている。全文は下記の通りである。

【判読】

芳墨令薫誦候、如承意甚暑候得共弥御無異、珍重之至
候、献上御紗両種被懸御意、過量之至候、恐々不備、
六月十三日　土屋采女正
（貝塚卜半）　寅直（花押）
（真教院）

【読み下し】

芳墨薫誦せしめ候。承意の如く甚暑候えども、弥御無異、珍重之至り候。献上御紗両種御意にかけられ、過量の至り候。恐々不備。

やさしいもので自信をつけよう

短文の折紙礼状三通を見て、ほぼ同じような内容でも文字のくずし方に多少の差があることがお判りになったこと

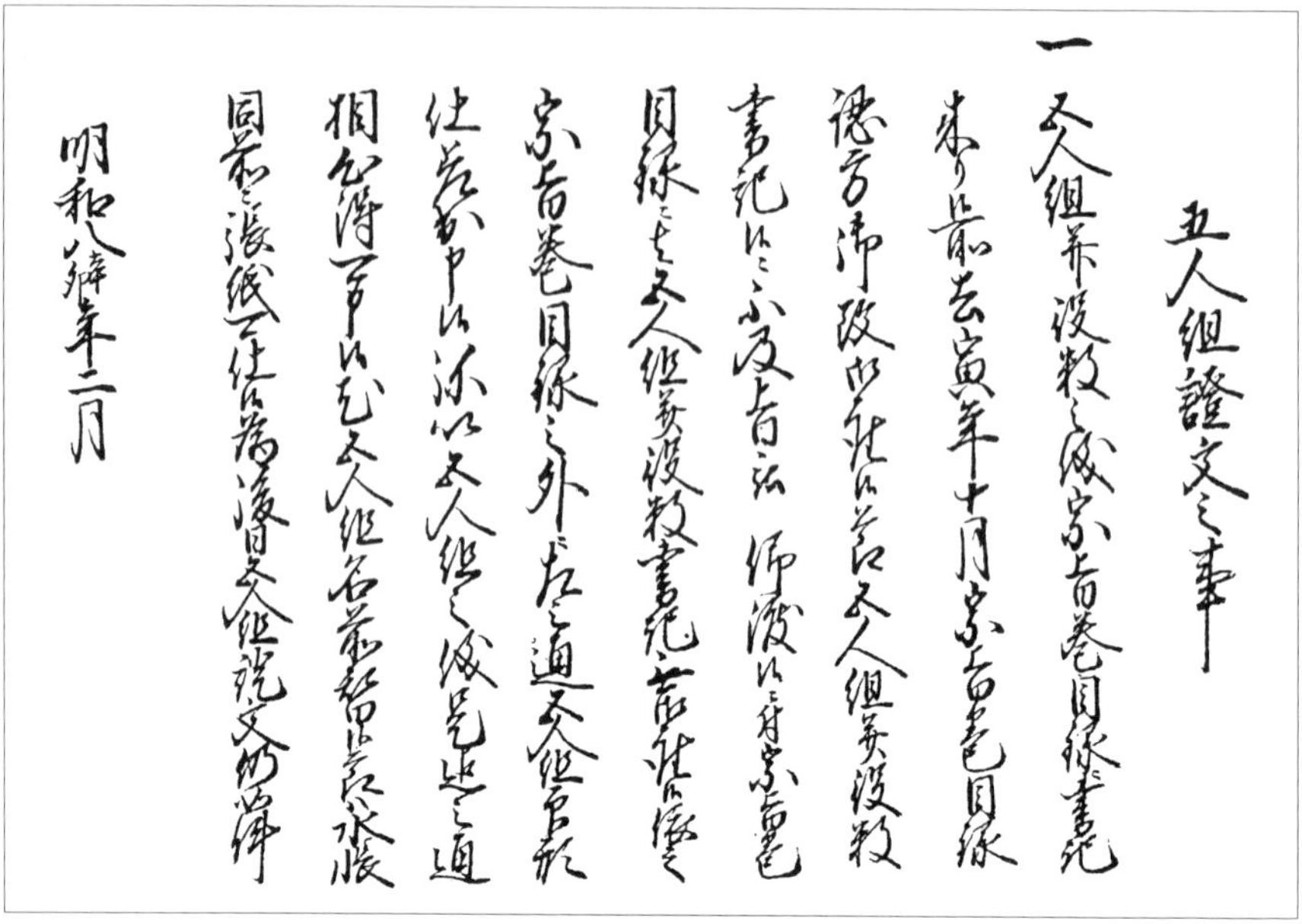

❹　五人組証文之事

と思う。そこで今度は自信をつけるため、ほとんど仮名文字のないやさしい文書を写してみよう。

44頁に掲げた写真❹は町方の「五人組帳」の最初に記されている文章である。村方の五人組については、例えば中学校の社会科の教科書に、「…農家を5戸ずつまとめて**五人組**をつくらせ、年貢の納入や犯罪防止に共同責任をとらせました」（井上智勇『中学社会—歴史的分野』大阪書籍株式会社）と説明され、また高等学校の教科書でも、〔農民の統制〕とか〔農民とその生活〕〔農民支配の確立〕などの小見出しのなかで、

…領主は村民を統制・支配するため、村にはさらに数戸ずつで編成する五人組の制度をつくり、年貢の滞納や犯罪などに連帯責任をもたせた（井上光貞・笠原一男・児玉幸多『標準日本史』山川出版社）。

…幕府は、村のなかで五戸ごとの農家をくみあわせた**五人組**をつくらせ、年貢の納入や犯罪の防止などに連帯責任を負わせた（尾藤正英ほか八名『改訂日

五人組證文之事

一五人組并役数之儀、宗旨巻目録ニ書記来り候所、去寅年十月宗旨巻目録認方御改御座候節、五人組并役数書記候ニ不及旨被　仰渡候ニ付、宗旨巻目録ニ者五人組并役数書記無御座候、依之、宗旨巻目録之外ニ、左之通五人組印形仕差出申候、弥以五人組之儀、是迄之通相心得可申候、尤五人組名前替候節ハ水帳同前ニ張紙可仕候、為後日五人組證文仍如件、

明和八辛卯年二月

［注］
宗旨巻＝江戸時代の大坂では宗旨人別帳（宗旨改帳）を抜粋して巻物とし、年々大坂町奉行所に提出した。町人・準町人の世帯主の名だけを記し、毎年十月から翌年九月まで人名の上に捺印欄を設けて捺印、異動があればその横に記入したもの。正徳年間（一七一一～一六）から体裁を巻物から折本に改めている。

本史』東京書籍株式会社）。

…村民は**五人組**に組織され、連帯責任と相互監視のもとにおかれ、行動をきびしく制限された（家永三郎『新日本史』三省堂）。

などと記されているが、町方でも五人組制度の施行された所があり、五人組帳が作成された。この文書もその一例であって、その最初の部分である。

行数は一一行、文字数は全部で一六三字であるが、その中には、たとえば「候」が九回、「五」「人」「組」は各八回などと重複する文字も多くて、文字の種類は約半数の八八字に過ぎないし、片仮名の「ニ」のほかは漢字ばかりであるから、読めない漢字は前例により偏・旁あるいは冠・足などから見当をつける。もっとも偏や旁もくずして書いてあるので、たとえば一行目と二行目の「組」で糸偏、二行目・四行目の「役」や、四行目の「御」などでイ偏、二行目の「儀」で人偏、「録」で金偏、二行目の「記」や四行目の「認」で言偏などのくずし方に慣れておくとよい。

なお、この文章には漢字や仮名の標準字体以外の異体文字（一般に異体字という）が含まれている。たとえば三行

目の「所」、八行目の「迄」などがそれで、「迄」は旁の「乞」が「占」となっている。こうした異体字に関しては、たとえば辶などの偏をもとに、巻末に【参考文献】として一括して掲載する古文書の解読・判読字典・辞典類や異体字の字典・辞典などで調べるとよい。

「往来物」を読む

写真で見た三通の文書はともかく、「五人組証文之事」はかなり読みやすく、「この程度であれば誰でも読める。一字ずつ写すのは無駄な労力を費やすだけだ」と思われる方も少なくないであろう。しかし、古文書や古記録を読みこなすようになるためには、とにかく基本を学ぶことが大切である。

それでは明治五（一八七二）年八月に近代学校制度としての学制が定められて、全国に小学校が設置される以前に古文書を作成し、普通あたりまえのように読んでいた昔の人々は、どのようにして読み書きを覚えたのだろうか?

よく知られているのは江戸時代に庶民の子弟のための初等教育機関として設けられた寺子屋であろうが、その起源は鎌倉時代や室町時代の教育が寺院で行われたことにあるといい、その初等教科書として、もっぱら用いられたものに、平安時代後期から、文筆にたずさわる公家らが、往復書簡の文例集の体裁で作った「往来物」というものがある。

平安時代中期の詩人で、式部少輔・文章博士・大学頭などを歴任した藤原明衡が、男子用の書簡文二〇〇余篇を収録した『明衡往来』は、とりわけ有名であるが、南北朝時代後期から室町時代初期の作であろうと推定されている『庭訓往来』は、二五通の手紙文例を掲げ、衣食住・職業・産物・政治・病気など、庶民の日常生活に関する語彙を豊富に盛り込んでいて、江戸時代から明治時代の初めまで、寺子屋の教科書として盛んに利用された。『庭訓往来』に限らず、こうした往来物は、江戸時代になると全国各地でしきりに作られ、その数は数千種に及んだといい、寺子屋の習字・読本として広く使用されるに至った。

48～52頁に掲げた写真❺『問屋往来』もその一例で、幕末の元治二（一八六五）年に浪花書林河内屋喜兵衛の板行にかかるものであるが、上部には風景・人物画家として著名であり、特に精密な版下画の技法に優れていた松川半山による挿絵を載せ、それぞれの挿絵の横に、たとえば、

○関八州とハ武蔵・相模・安房・上総・下総・上野・下野・常陸の八箇国をいふなり。

○廻船出帆ハ、湊に泊りいる船、日和順風を見定めて船を出すなり。着岸とハ、其趣く国に至り、湊へ船を恙なく入るをいふなり。

○相場とハ諸品物の価の直段、其時の品の善悪、又ハ人気の景気に依て、高下するなり。大坂堂島の米商ひ等も相場といふなり。

○凡交易・異国の器財とハ交へ易るの儀にて、異国とは紅毛・亜墨利加等の州々より持わたる品物と、本朝の品物と互ひに易る亊なり。肥前長崎・武蔵神奈川横浜等ハ異国より種々のものを持渡り、交易をなす場所にて、頗繁昌の地なり。

○店卸とハ、一年中の商ひの高を勘定し、何程当年ハ利徳が有しとて、家内・別家など打より、祝ひの酒宴を催すなり。是を帳祝ひともいふ。

などの説明をつけ、単なる手習いに限らず、興味を引きながら知識を習得するような配慮がなされている。

ついでながら、右のうち「相場とハ…」とある説明中で、**直段**には「**ねだん**」という振り仮名が付けられている。近世文書を読むとき、これを「**じきだん**」と読む人もいるようであるが、少なくとも幕末の大坂の手習い寺子屋では「じきだん」ではなく、「ねだん」と読ませていたことが、この振り仮名でわかる。

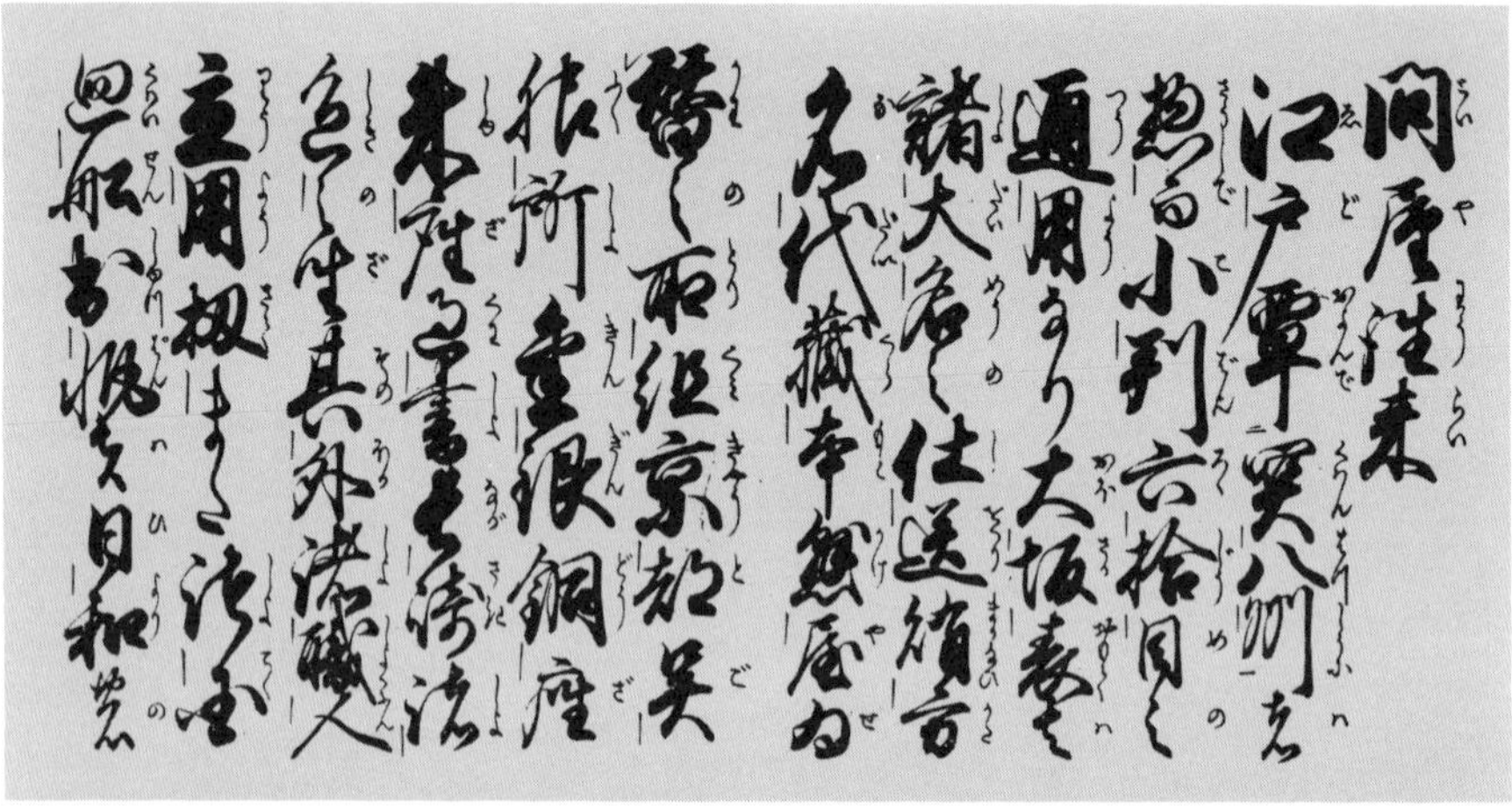

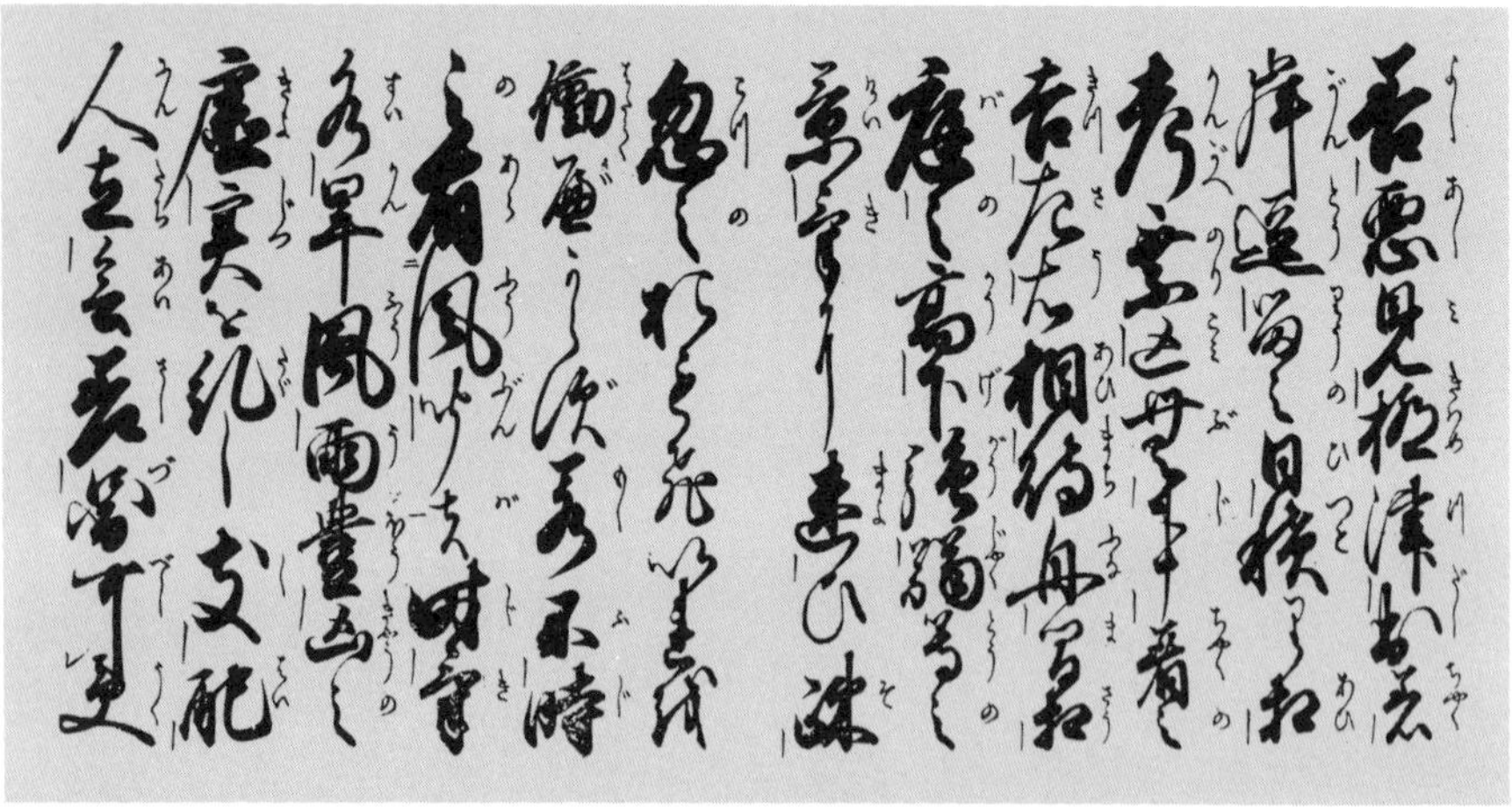

問屋往来
江戸亘関八州者
惣而小判六拾目之
通用なり大坂表者
諸大名之仕送賄方
名代蔵本懸屋為
替之取組京都呉
服所金銀銅座
朱座過書長崎諸
色之坐其外諸職人
立用扨また諸国
廻船出帆者日和農
善悪見極津出着
岸逗留之日積り相
考乗込無事着之
吉左右相待舟間相
庭之高下強弱等之
景気に迷ひ疎
忽之おもひいれを
働へからず若不時
之有風聞者時気
水旱風雨豊凶之
虚実を糺し支配
人立会差図可受

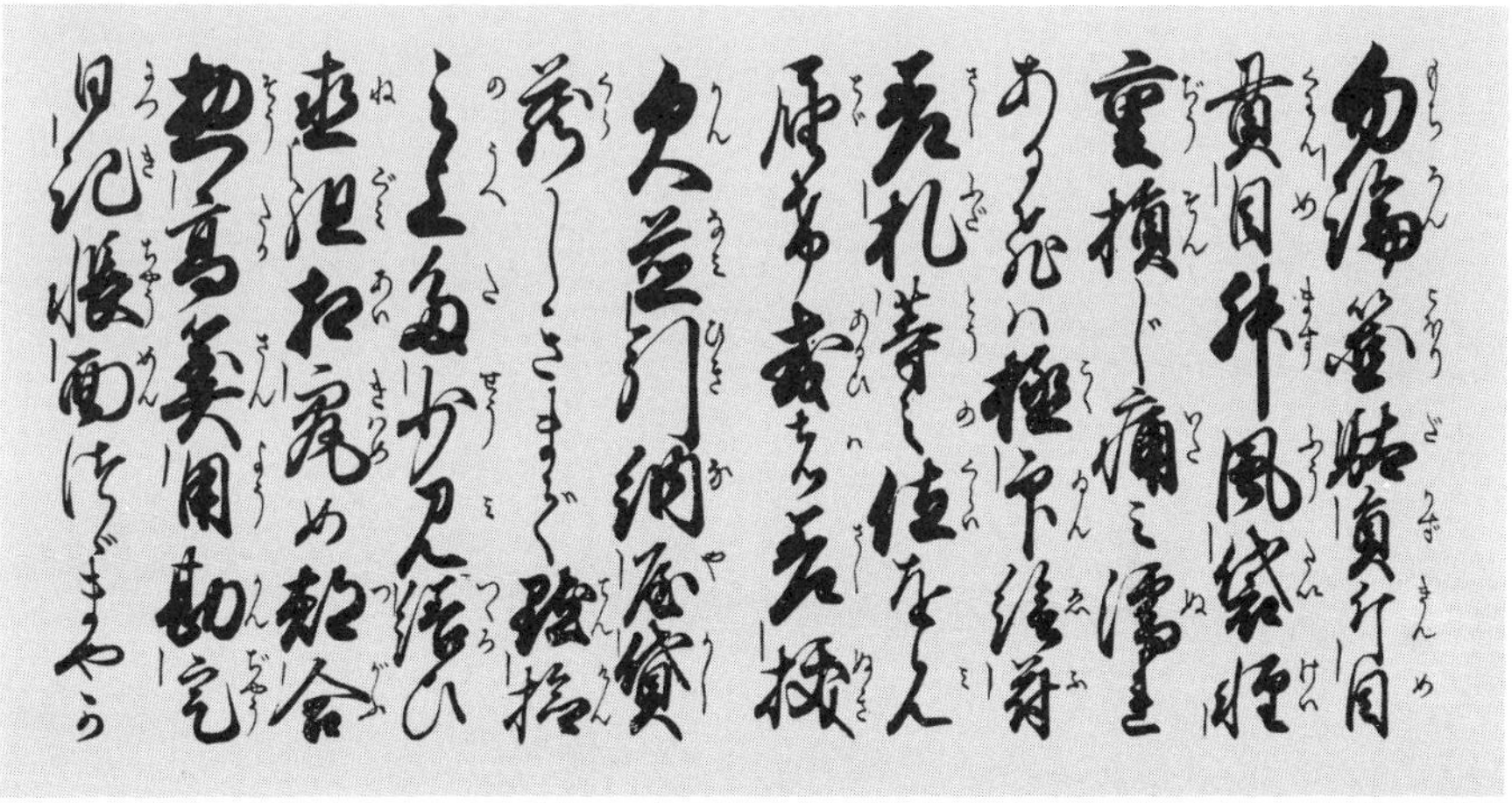

之好買庭よき沽句
無油断差はたらき
中買新客之心
謂を能々呑込とり
引之相対無違乱
可捌之凡交易異国
器財本朝之名物
不撰新古洛陽之
風雅遍鄙之雑具
此外品々難勝計
誂之通向後無麁略
常々工夫可廻気転
勿論箇駄員斤目
貫目升風袋軽
重損じ痛ミ濡れ
あるひハ極印絵符
差札等之位を見
届け或者差抜
欠並引納屋貸
蔵しきまで點検
之上多少見繕ひ
直組相究め都合
惣高算用勘定
日記帳面つゞまやか

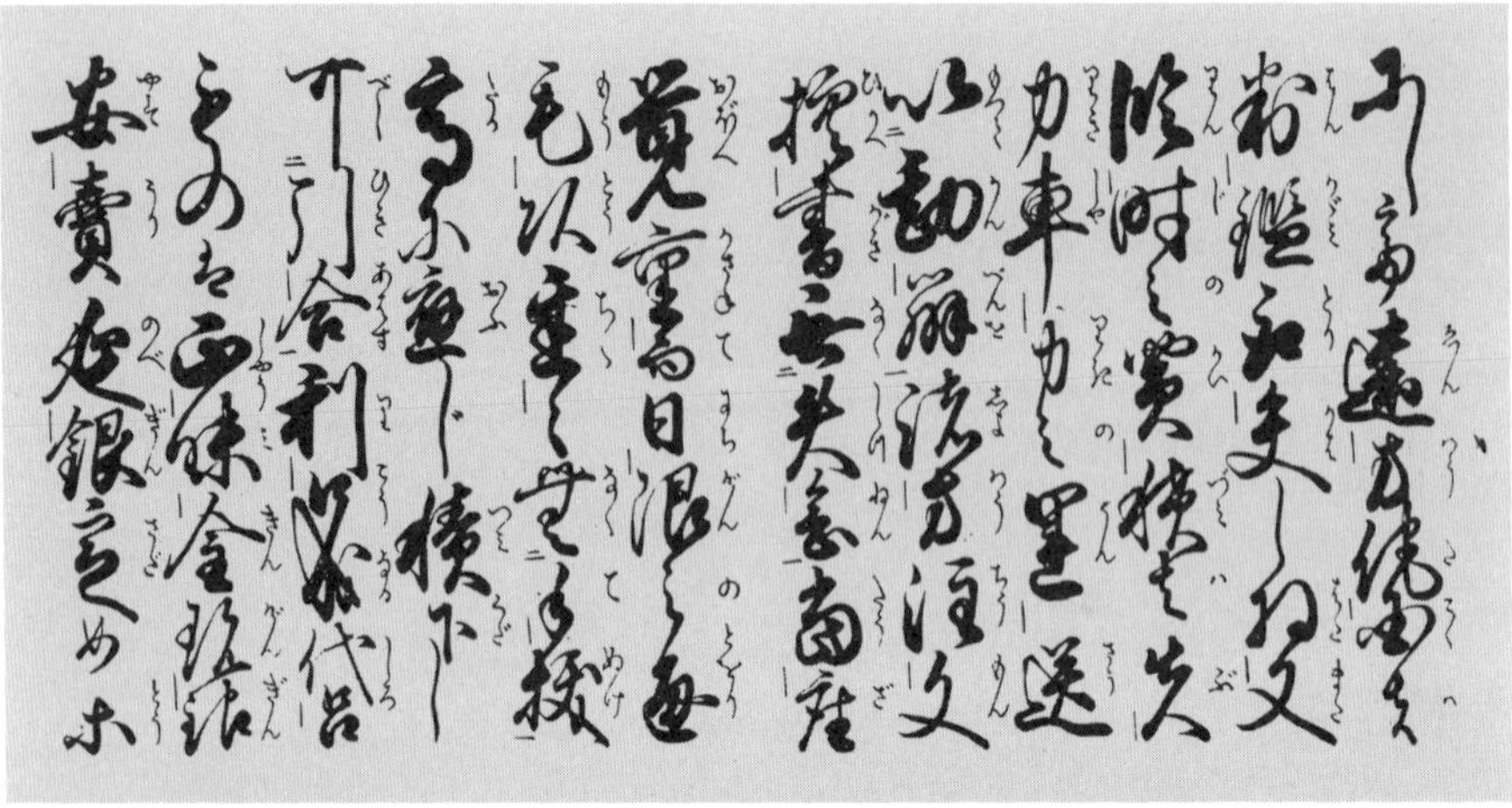

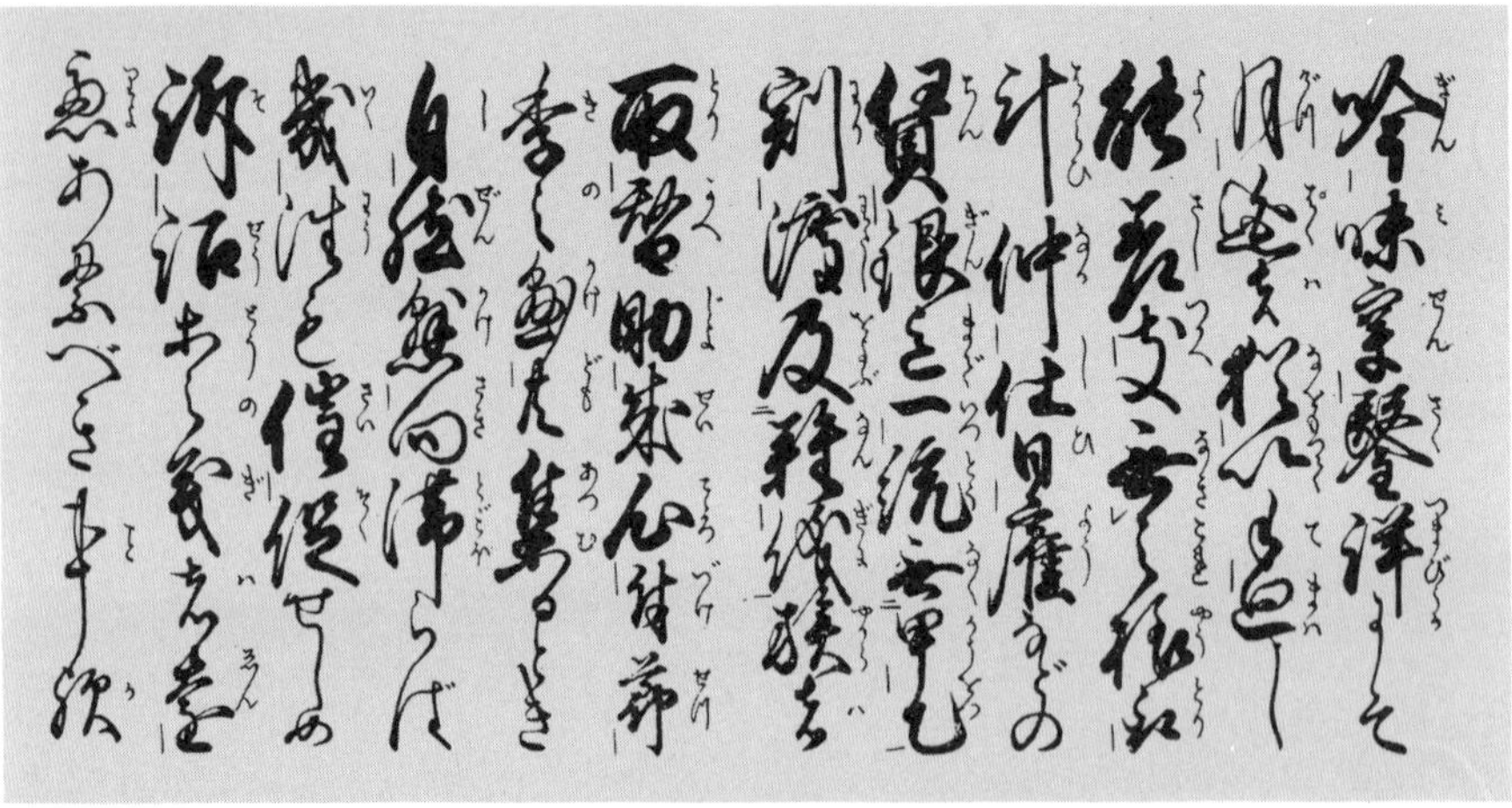

にして遠方他国者
判鑑取交し将又
臨時之買積者夫
力車力之運送
以勘辯諸方注文
控書無失念当座
覚重而日限之通
毛頭遅々無手抜
高に応じ積下し
可引合利口成代呂
ものは正味金現銀
安売延銀定め等
吟味穿鑿詳にして
月迫者猶以手廻し
能差支無之様取
計仲仕日雇などの
賃銀迄一統無甲乙
割渡及難儀族者
取替助成心付節
季之懸共集るとき
自然懸向滞らば
幾往も催促せしめ
訴訟等之義者遠
慮あるべき事歟

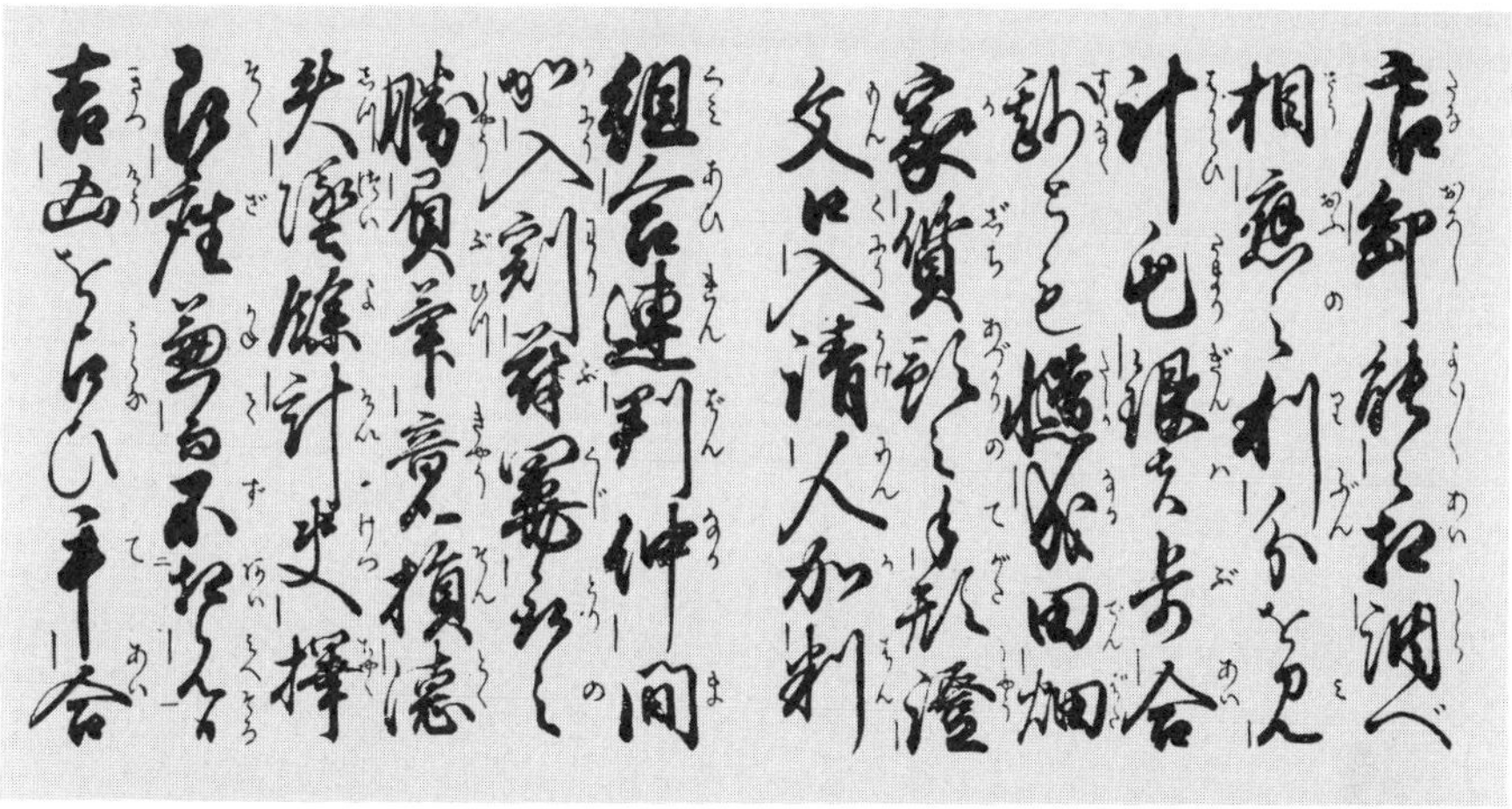

店卸能々相調べ
相応之利分を見
計屯銀者歩合
尠とも慥成田畑
家質預之手形證
文口入請人加判
組合連判仲間
加入割符鬮取之
勝負畢竟損徳
失墜餘計決擇
即座兼而不相見候
吉凶を占ひ手合
立身者時之運と
いへども全面々より
まねく所之禍福
なれバ平生よ梨
正路にして身持
行跡能勤め得意
方荷主船頭水主
飛脚等に至るまで
叮寧慇懃に会釈
仕切送状とも入念
殊更年頭暑寒之
付届ケ無麁末衆

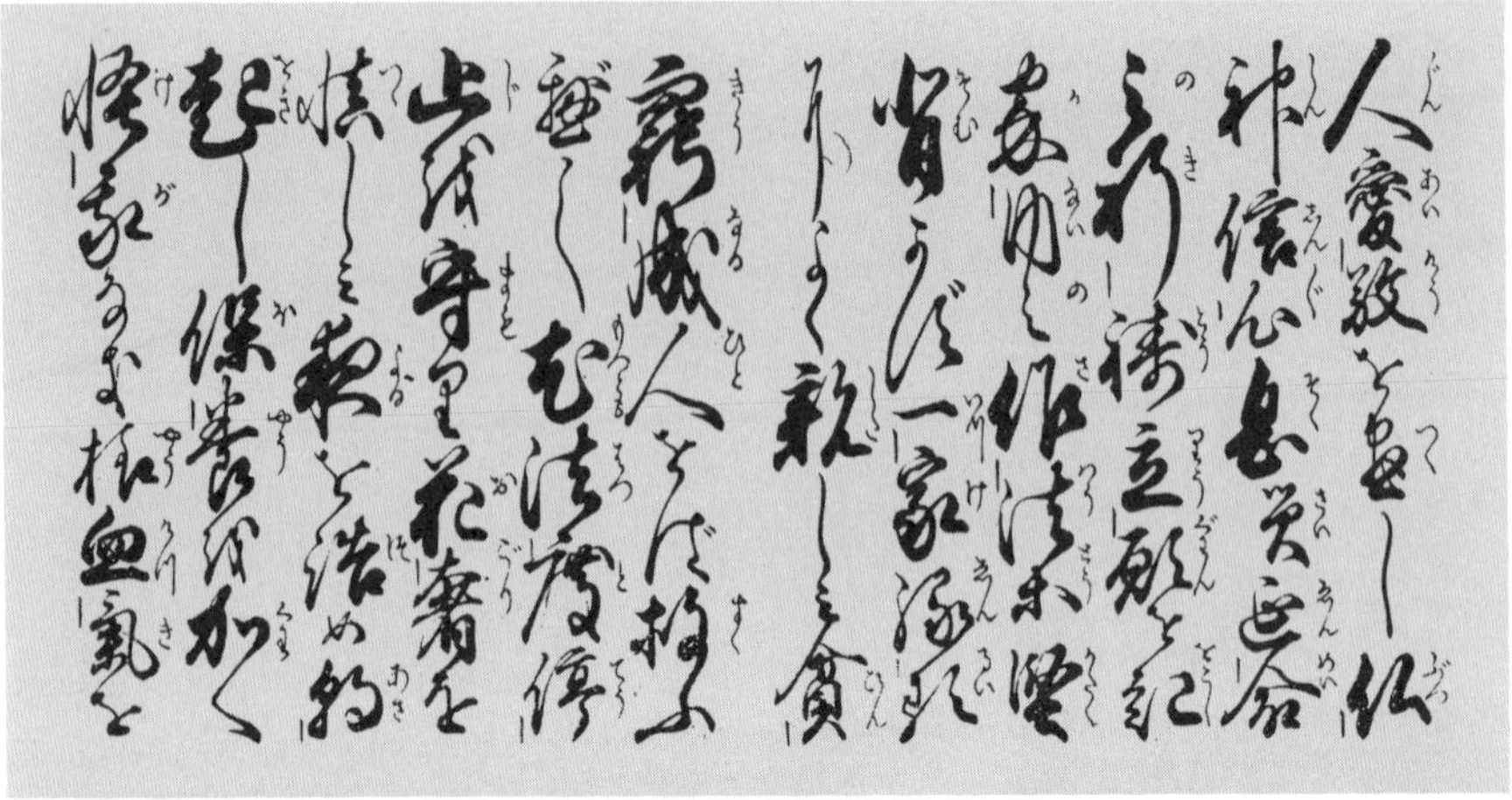

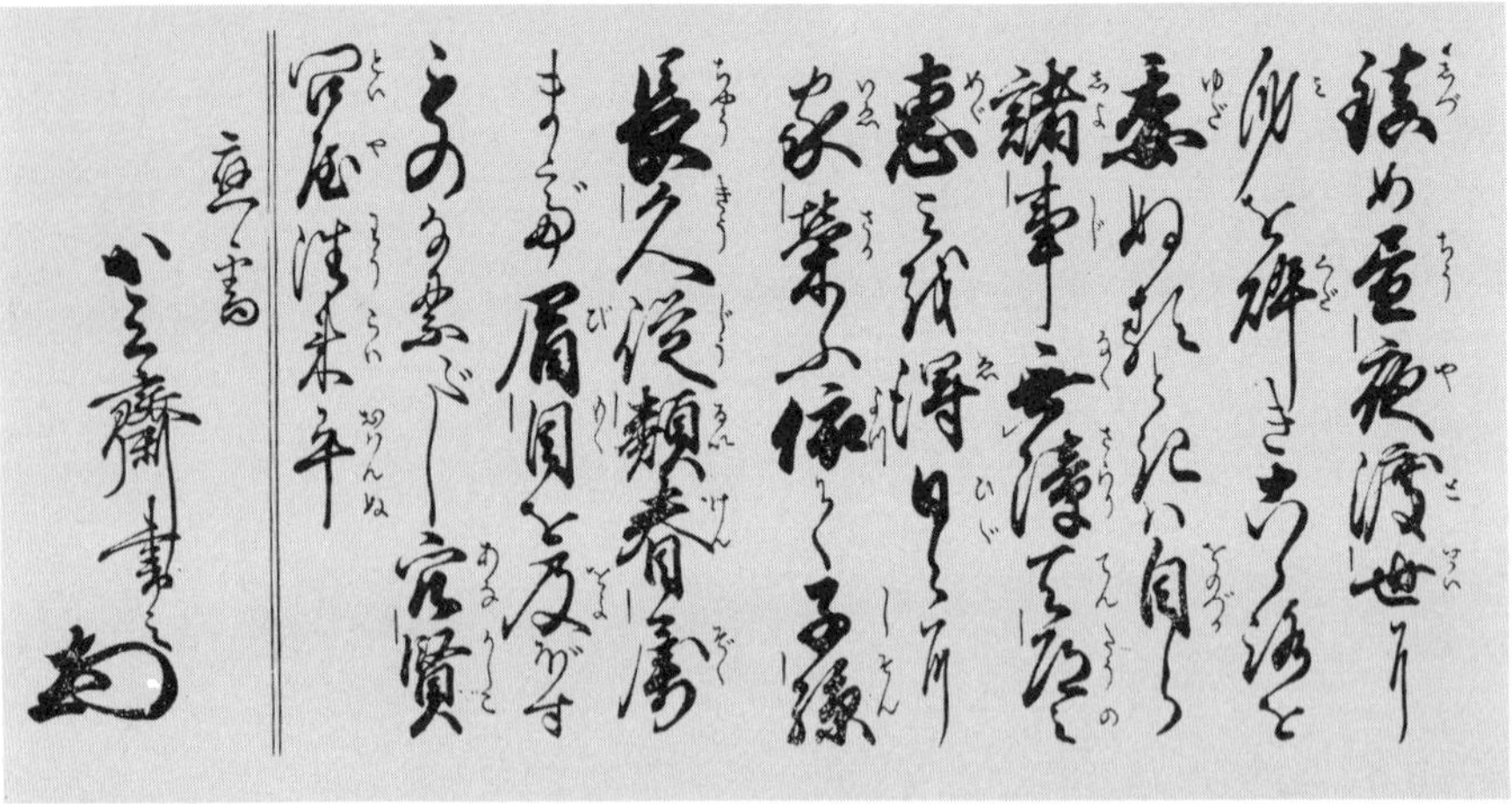

人愛敬を盡し仏神信心息災延命之祈祷立願を起家内之作法等堅背かず一家縁類貧によく親しミ窮成人をば救ふべし尤法度停止を守り花奢を慎しミ夜を詰め朝起し保養を加へ怪我なき様血気を鎮め昼夜渡世に身を砕きこゝろを委ぬるときハ自ら諸事無障天道之恵ミを得日々に家栄ふ依て子孫長久従類眷属まで眉目を及ぼすものなるべし穴賢
問屋往来畢

応需
賀齋書之（花押）

仮名に慣れる

ところで、江戸時代の寺子屋の教科書として、さきに読んだ『問屋往来』には、これまで見てきた文書・記録類と違って、かなりの仮名文字が含まれている。「仮名は漢字と違って読みやすい」と考えられる向きもあるだろうが、古文書の多くは漢字・仮名を問わず、毛筆によって「くずし字」や「異体字」で書かれているうえに、濁点（濁音符）や半濁点（半濁音符）も付けられていないから、明朝体や教科書体で印刷された濁点・半濁点付き常用漢字・現代仮名づかいの文章を読み慣れた人々にとっては、解読以前の問題として判読することも容易ではない。たとえば、仮名だけで書かれたもので、

　のとかなるはやしにかゝるおにはまつかすみそのへのにほひぬるかな

とあれば、いったいどのような濁点を付け、漢字を当てて読んだらよいのか？　まずは読点を付けてみると、

　のとかなる、はやしにかかる、おにはまつ、かすみそのへの、にほひぬるかな

となろう。これに濁点と漢字を宛てると

　長閑なる、林にかかる、お庭松、霞ぞ野辺の匂いぬるかな

という美しい春の情景を写した歌になるが、うっかり違う漢字を当てていくと、

　喉（のど）が鳴（な）る、はや死（し）にかかる、鬼（おに）は待（ま）つ、粕味噌（かすみそ）の屁（へ）の臭（にお）いぬるかな

のように、とんでもない歌になってしまう。いささか不謹慎な例を挙げたが、先の問屋往来には多くの仮名、しかも変体仮名が含まれている。参考までに掲げた読みでは、例えば**里→り**、**耳→に**、**於→を**、**毛→も**、**飛→ひ**、**連→れ**、**女→め**、**乃→の**、**志→し**などがそれであるが、もともと漢字の音訓で国語を写した経緯もあって、古文書には万葉仮名を簡略化した変体仮名がよく用いられている。すなわち「か」は**加**・**賀**・**可**・**閑**、「な」は**奈**・**那**、「わ」は**王**・

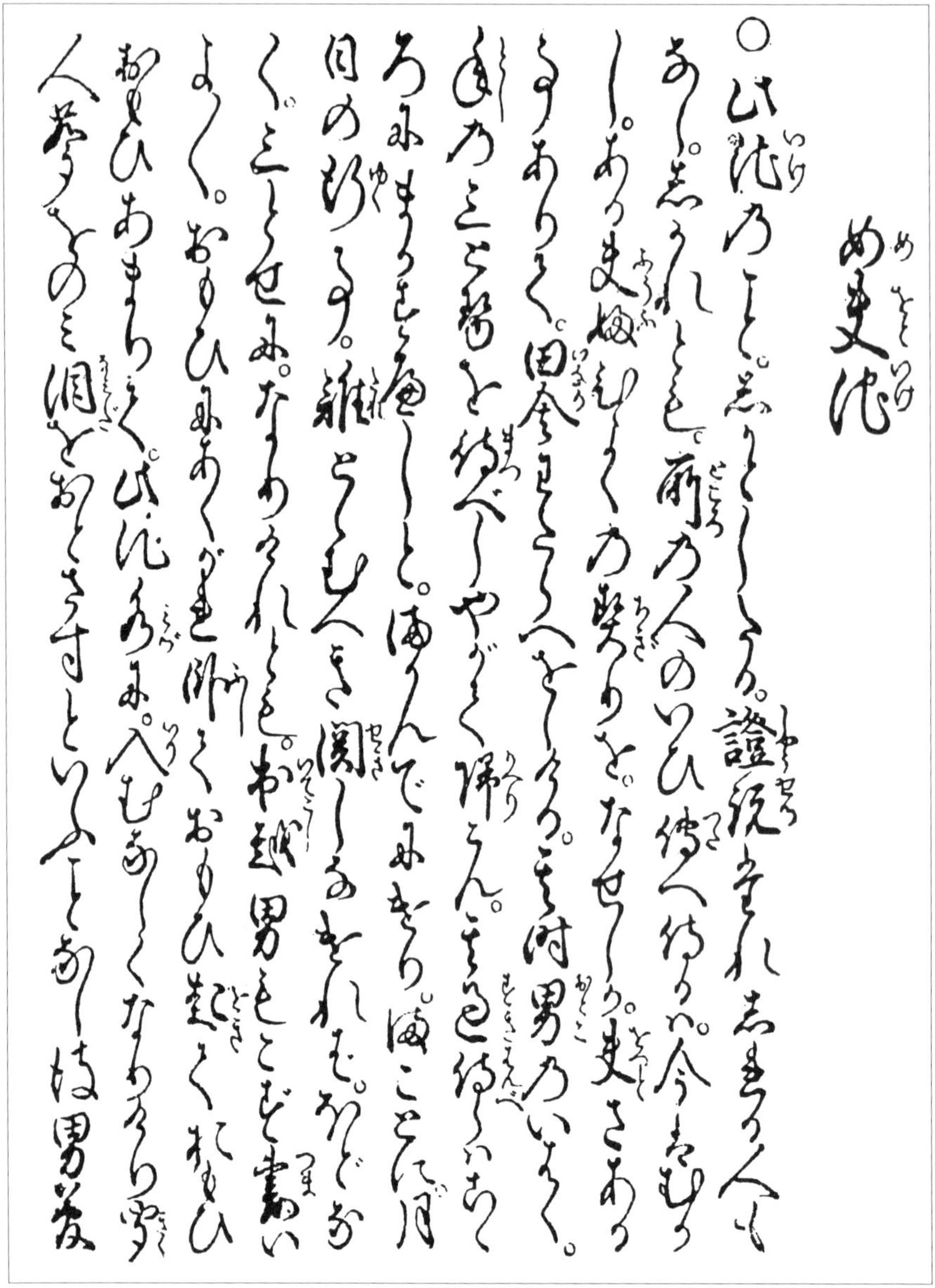

❻ 仮名文字の多い板本〔女夫池〕

みを志しを衣みすゝんに立越来ませもなけれどこゝろし
所(ところ)ども見てもど。かうかわどもさまじく草(くさ)のいろうく
生(おひ)しげり。おもまてく。こゝおもひし妻(つま)もなしお
ともの人は。問(とひ)けれど。伴(ぞぶん)のことなんとうらしまく
ぞくまかもずや胸(むね)らうさいぶもと縁よなみだせき
うかふく。終(つる)よは此池頭(ちとう)よさこうり足(あし)どりとしてな
きとども。甲斐(かい)なし。今はあつへさふあしすどくむ
なしくなりつるとぞ。いとあはれなりしをやさうふ
まうく。今の世までも俗(ぞく)よつたへてめ丈池とい
ひならはしとなり

あもしし思契のもを清いくひきけり
おもひ志川うし　め丈池のな

和、「ぬ」は**奴・怒・努**などと、多くの変体仮名が用いられているのである。

したがって、これらの読みに習熟しなければ、特に平仮名や片仮名の多い近世の文書・記録は容易に判読できない。そこで、原文書・記録に先立って、仮名文字を多く使用している江戸時代の板本（版本）によって、変体仮名に慣れることにしよう。54～55頁に掲げた写真❻がその一節であるが、最初は漢字読みなのか仮名読みなのか分からないこともあろう。そこであらかじめ漢字の部分、たとえば**女夫池・此・所・伝・證説・侍**などは、あらかじめ記載しておくから、とりあえず原稿用紙に写し取っておき、漢字のふりがなおよび□で示した空白の仮名読みの部分を埋めてみて欲しい。

「偏・旁・冠・足などで見当をつけ、ようやく漢字の読み方に慣れようとした段階で、突然仮名文字、それも変体仮名を持ち出されては困る」と思われる人もあろうが、幸いこの文書には漢字も混じり、

女夫池

○此池□□。□□□□□□。證説□□□□□人□
□□。□□□□□。所□人□□□伝□侍□□。今□□□
□。□□夫婦□□□□契□□。□□□□。夫□□□
事□□□。田舎□□□□□□□□。其時男□□□□。
年□三□□□待□□□□□帰□□。其過待□□□□
□□□□□□□□。□□□□□□□。□□□□月
日□行事。誰□□□□□関□□□□□。□□□
□。三□□□。□□□□□□。出越男□□□妻□
□□。□□□□□□□□臥□□□起□□□□
□□□□□□□。此池水□。入□□□□□□□□聞
人声□□□泪□□□□□□□□□□彼男夢
□□□□□我□□□□□立越来□□本□□□
所□□見□□。物□□□。□□□□□草□□□□□
生□□□。□□□□□。□□□□□□妻□□□。□
□□□人□。問□□□。件□□□□□□□□□□□
。□□□□□。□□胸□□□□□□□□□□□□□□
□□□。終□此池頭□□□□足□□□□□。□
□□□。甲斐□□。今□□□□□□□□□□□。□
□□□□□□□□□也。□□□□□□□□□。□□□
□□□。今□世□□□俗□□□□□□女夫池□□
□□□□□□
水□□□契□□□□□□□□□
□□□□□□□女夫池□□

女夫池

○此池のヒ。しかとしたる。證説たれしれる人もなし。しかれとも。所の人のいひ伝へ侍るハ。今はむかし。ある夫婦ひよくの契りを。なせしか。夫さある事ありて田舎わたりへをしけり。其時男のいはく。年の三とせを待べしやがて帰こん。其過侍らハこゝろにまかすへしと。まかんでにけり。まことに。月日の行事。誰とゝむへき関しなければ。ほどなく。三とせに。なりけれとも。出越男もこず妻いよ〳〵。おもひにあくがれ臥ておもひ起ておもひおもひあまりて。此池水に。入むなしくなりけり聞人聲をのミ泪をおとさすといふヒなし彼男夢にもしらす我かすミかに立越来れは本すミし所とも見へす。物かハり。すさまじく草のミたかく生しけり。あれはてゝ。わかおもひし妻もなし。あたりの人に問ければ。件のヒなんとかたりしまゝ。きくよりも。はや胸うちさハぎすゝろになみだせきかねて。終に此池頭にきたり足ずりをして。なけとも。甲斐なし。今ハあるへきにあらすとて。むなしくなりけると也。いとあハれならすや。さるによりて。今の世までも俗につたへて女夫池といひけるとなり

　水もらぬ契のすえハくひたけに
　おもひしつミし女夫池かな

女夫池

○此池のこと、しかとしたる證説、誰知れる人もなし。しかれども所の人の言い伝え侍るハ、今は昔、ある夫婦比翼の契りをなせしが、夫、さある事ありて田舎わたりへをしけり。そのとき男の曰く、年の三とせを待つべし。やがて帰りこん。その過ぎ侍らば心に任すへしと罷ん出にけり。まことに月日の行くこと、誰止むべき関しなければ、程なく三とせになりけれども出越男も来ず、妻いよいよ思いにあく（こ）がれ、臥て思い起きて思い、思いあまりてこの池水に入り、空しくなりけり。聞く人、聲を呑み涙を落とさずといふことなし。彼の男夢にも知らず、我が住処に立ち越し来れば、もと住みし所とも見えず物変わりすさまじく、草のみ高く生い茂り、荒れはてて我が思いし妻も無し。あたりの人に問いければ、件のことなんど語りしまま、聞くよりもはや胸うち騒ぎ、すずろに涙せきかねて、終にこの池頭に来り足ずりして泣けども甲斐なし。今は有るべきにあらずとて、空しくなりけると也。いと哀れならずや。さるによりて、今の世までも俗に伝えて女夫池と言いけるとなり。

　水もらぬ契のすえハくひ（首）たけに
　おもひしつ（沈）ミし女夫池かな

それぞれに振り仮名が付けられているので、漢字から仮名、あるいは仮名から漢字を推察することもできよう。たとえば表題の「女夫池（めをといけ）」や本文一行目の「證説（しやうせつ）」、二行目の「所（ところ）」と「伝（つた）へ」、三行目の「夫婦（ふうふ）」などがそれであり、同じ行の「契（ちぎ）り」では振り仮名から、漢字は契約の「契（けい）」であることが分かろう。さきに述べたように、変体仮名は漢字の草体から単純化されたものであるから、変体仮名から逆に漢字を復元するのも一つの方法である。なお、本文中の「。」は、現在の句読点に相当するものであろうが、必ずしも適切な箇所に入れられているとは限らないので要注意。また、本文一行目「此池の」の次に「ヿ」という見慣れない文字があるが、これは「こ」と「と」の合成されたものであり、筆写の際には「ヿ」と一文字に書いてもよいし、「こと」と二文字に書いてもよい。仮名はほとんど平仮名であるが、**ハ・ミ**は片仮名で書かれている。原文中の「。」をそのままに書き写すと57頁上段のようになる。

常用漢字・現代かなづかいになれた人々には読みづらいだろう思われるので、振り仮名を除き、かな書きの一部分を漢字に改め、濁点・句読点や送りがなを付けて現代風に読み下すと、57頁下段のようになる。

このような変体仮名に慣れるためには、少なくとも同じ板本を一冊分くらい読むとよいが、いまその余裕もないので、次にもう一頁だけ短いものを掲げておく。（59頁、写真❼）今度は漢字も含めて全文を読んでみて頂きたい。表題の最初の文字は振り仮名で判るように**松**であるが、偏の**木**を上に、旁の**公**を下にした**枩**という文字であり、古文書や古記録には、このような異体字も用いられている。前例同様に漢字の部分だけを記しておくので、仮名の部分を埋めて頂きたい。

漢字では、二行目の**聴**、三行目の**賤**・**虫**・**此**、四行目の**鱗**、六行目の**身**、七行目の**名**、九行目の**此**・**説**、一〇行目の**證**・**細**、および一一・一二行目の和歌に出てくる**経**・**声**などで偏・旁、あるいは異体字やくずし文字などを覚えておくとよい。前例により全文の読みは下段に掲げておく。

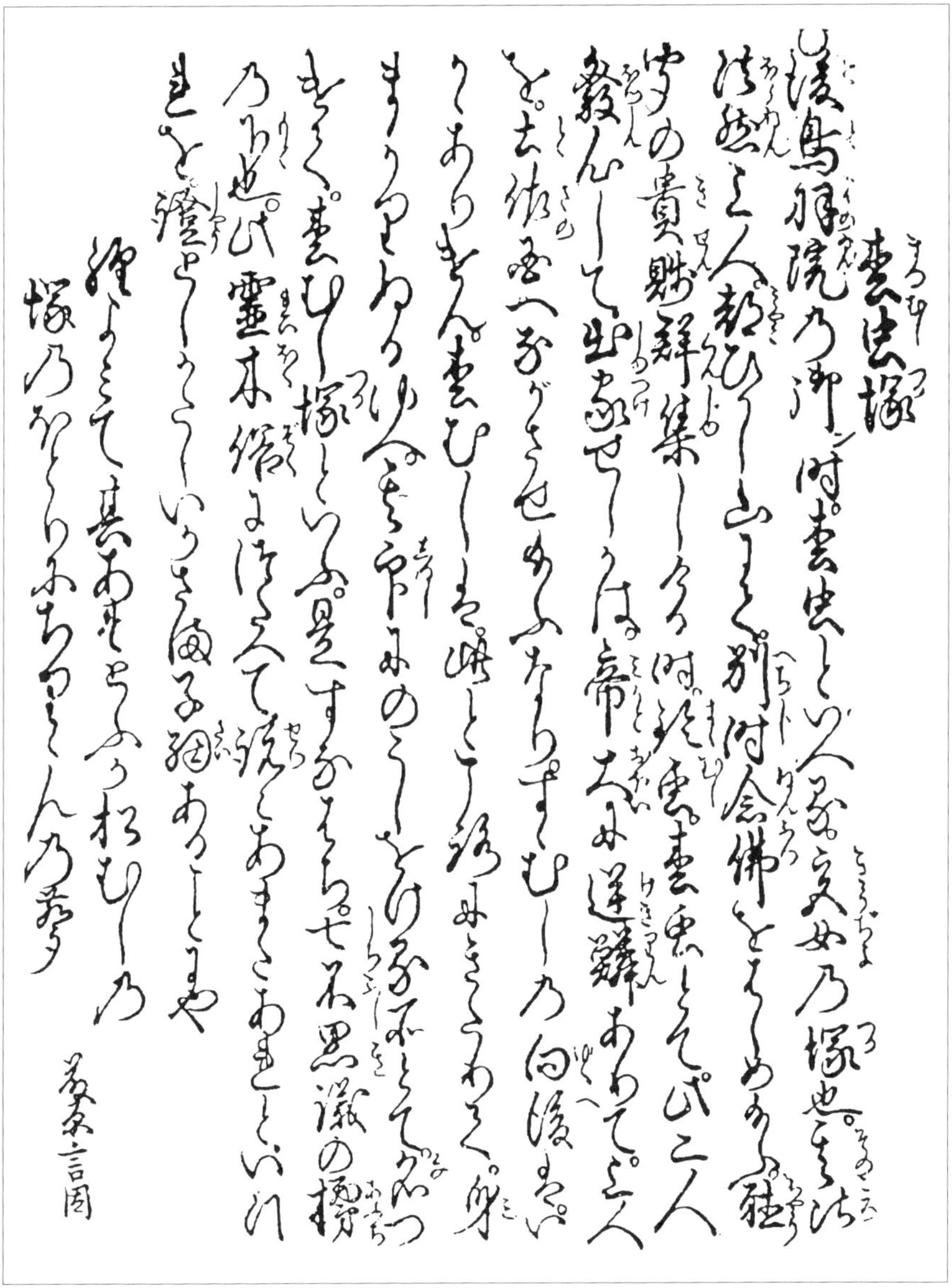

❼ 仮名文字の多い板本〔松虫塚〕

松虫塚

○後鳥羽院□御□時。松虫□□□□。宮女□塚也。其比法然上人。都□□□山□□。別時念仏□□□□給□。聴聞□貴賤群集□□□時。鈴虫。松虫□□。此二人發心□□。出家□□□□。帝大□逆鱗□□□。上人□。土佐国□□□□□給□□□。□□□□□向後□。□□□□□□□。松□□□。此□□□□□□□□。身□□□□□□□。其印□□□□□□□所□□。名□□□。松□□塚□□□。是□□□□。七不思議□樗□下也。此霊木俗□□□□□説々□□□□□□。□□□□證□□□□□□□□□子細□□□□□□。

経□□□其□□□□□松□□□
塚□□□□□□□□□□声　藤原言因

松虫塚

○後鳥羽院の御ン時。松虫といへる。宮女の塚也。其比法然上人。都ひかし山にて。別時念仏をはしめ給ふ。聴聞の貴賤群集しける時。鈴虫。松虫とて。此二人発心して。出家せしかは。帝大に逆鱗ありて。上人を。土佐国へながさせ給ふなり。すゝむしの向後は。いか、ありけん。松むしは。此ところにきたりて。身まかりぬるゆへ。其印にのこしをける所とて。名つけて。松むし塚といふ。是すなはち。七不思議の樗の下也。此霊木俗につたへて説々あまたあれと。いつれを證としかたしいかさま子細あることにや

経よミて其あすとふか松むしの
塚のほとりにちりゝんの声　藤原言因

きれいな文字の写本で自信をつける

手書きではなく印刷された板本によって、近世には漢字の草体から単純化された変体仮名が、普通あたりまえのように常用されていることが判ったが、再び古文書・古記録に戻り、くずし字が少なくきれいな文字で書かれた記録の一部分を書写することにしよう。

61～64頁以下に掲げた記録（写真❽）は、表紙に『唐物抜荷密買等致し候者御仕置凡定』と書かれた写本の一部で、

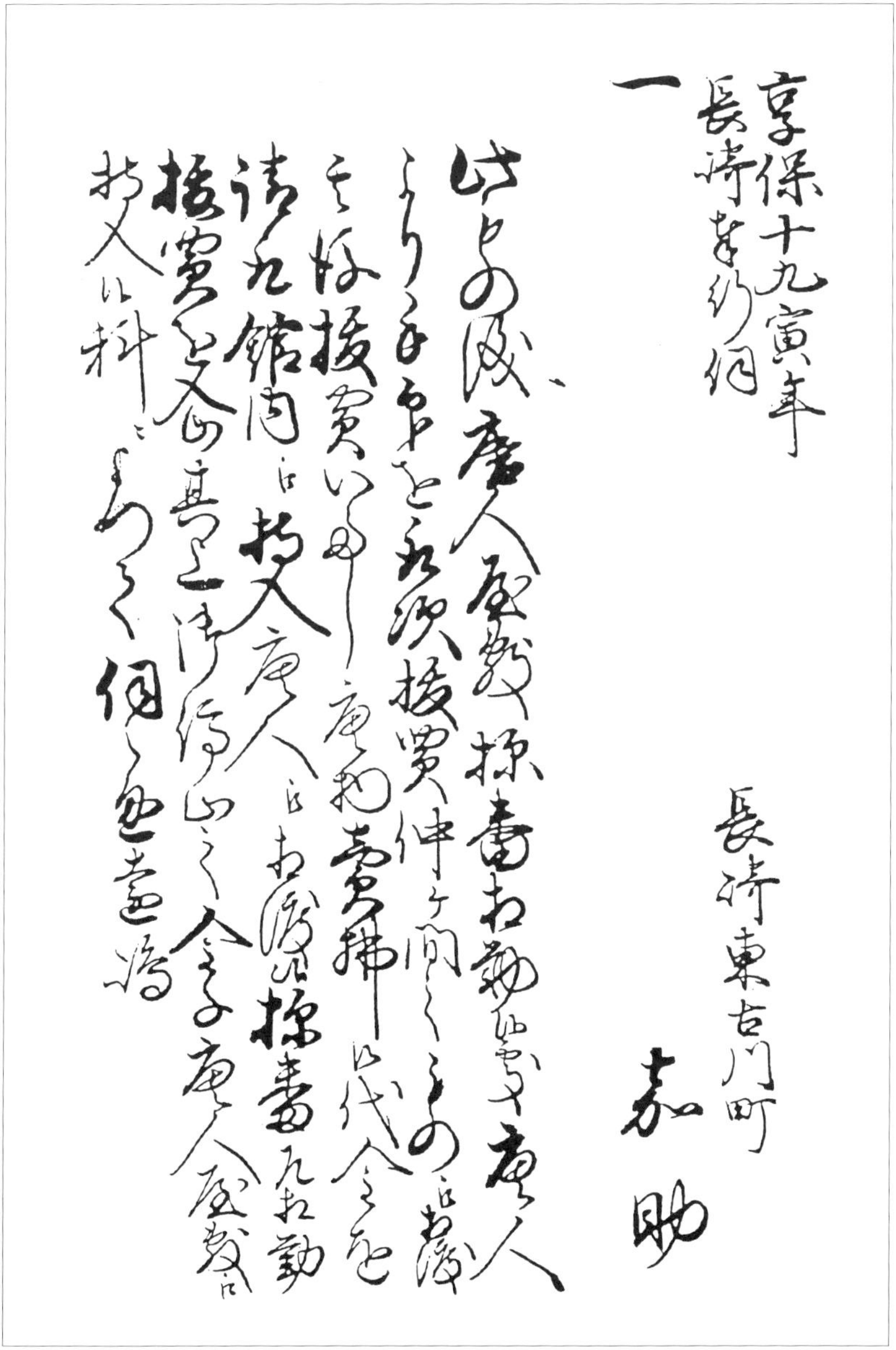
享保十九寅年
長崎奉行所
一 此之度、唐人屋敷探番相勤候者共、唐人
より手寄を以抜買仲ケ間之者ニ茂
を致抜買いたし唐物売拂候代金を
請取館内江持入唐人江相渡候ニ付探番相勤
抜買之者共其上法度之通全ク唐人屋敷江
抜人ハ料ニゆく何之無之候
長崎東古川町
嘉助

❽ きれいな文字の写本〔唐物抜荷御仕置一件〕

寶暦十一巳年
長崎奉行所様

一
此度唐人屋敷より阿片隠し持出候ニ付
同所大門番所ニ而相改候処、右之多葉粉ニ
引当り候唐人申ニ付、清九持出候旨
申之以も何某より取次持出し候段不届至極
此度隠持出候儀不便ニ付紅毛荷役構を
指戻

唐人屋敷下働
新石灰町
茂平次

明和四亥年
長崎屋約之限

一、
　　　　　　　　　　　長崎江戸町
　　　　　　　　　　　　与市

はしの後生捕ニ日雇ニ而申付江戸町長三郎
汰頼同人挨拶ニ而於脇差甲荷造いたし
紛文重候様り申頼ひ付動宜ニい□□き
為れ旧柄限百弐拾目程残弐貫文弐文以有
故之主惺追放

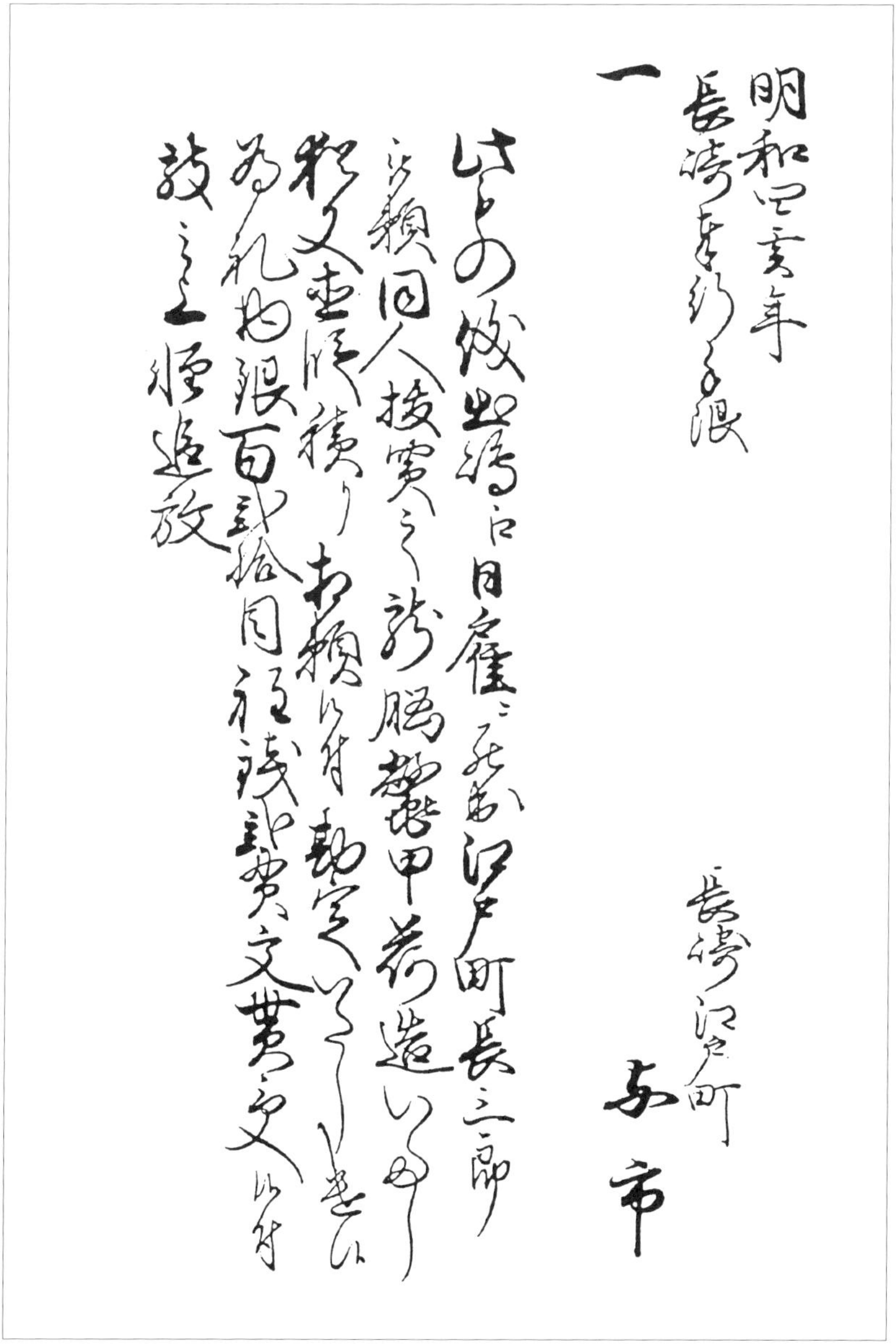

安永三午年
長崎奉行伺

一 元長崎稽古通事
中山進左衛門事当時
小山進士

此もの儀抜荷法度之儀兼々より
厳重ニ法令有之度々厳敷申渡置候処
上野花十郎不如意ニ付連宅ニ而法度之趣有
唐人より密買之儀有之懸元讓受施売
等ニ而割合抜荷物持渡之儀示合同船申談
洋中ニ而船共向寄七番唐船入津之砌荷物
取計以始末不届ニ付伺之通死罪

享保十九寅年
長崎奉行伺　　長崎東古川町
嘉　助
一　此もの儀、唐人屋敷探番相勤候処、唐人より手印を取次、抜買仲ケ間之もの江相渡、其後抜買いたし、唐物売払候代金を請取館内江持入、唐人江相渡候、探番乍相勤抜買を企、其上御停止之金子唐人屋敷江持入候科ニよって、伺之通遠嶋、

宝暦十一巳年　　唐人屋敷下働
長崎奉行手限　　新石灰町
茂平次
一　此もの儀、唐人屋敷より阿片隠し持出候付、同所大門番所ニ而相改候処、右者多葉粉ニ引替呉候様唐人申之ニ付請取持出候旨申之候得共、何品ニよらす持出、出入不相成儀を乍存隠持出候段不届ニ付、紅毛荷役場を構、敲、

明和四亥年
長崎奉行手限　　長崎江戸町
与　市
一　此もの儀、出嶋江日雇ニ罷出、江戸町長三郎被頼同人抜買之龍脳・龞甲荷造いたし、猶又直段積り相頼候付、勘定いたし遣候為礼物、銀百弐拾目程、銭弐貫文貰受候付、敲之上軽追放、

安永三午年　　元長崎稽古通事
長崎奉行伺　　中山直右衛門事当時
北山進士
一　此もの儀、抜荷御法度之儀者前々より厳重ニ御触有之、度々厳敷申渡置候処、上野喜十郎不如意ニ候迚、重キ御法度を相背、唐人より密買可致旨、龔元譲并施尓亮等江馴合、抜荷物持渡之儀相企、同類共申談、洋中江船差向、寅七番唐船入津之砌荷物取卸候始末不届ニ付、伺之通死罪、

「抜荷密買」というのは禁を犯してひそかに行なう密貿易のことである。江戸幕府は鎖国下の対外貿易については、長崎会所を通じて行なうなど厳しく制限し、たびたび禁令を発して密貿易を取り締まったが、抜荷や密買は跡を絶たなかった。この写本は最初の一丁目に、

不正唐物御仕置見合書物之儀ニ付、在府中御城代申合、年寄衆江申達置候儀ニ付、備前守殿左之書取弐通被相渡候旨、松平右京大夫上坂之砌、於京都対話之節申聞被相渡候付、以後為見合記置候事、

文化十二乙亥年九月十五日　大久保加賀守

と記されている。

文中にみえる備前守は老中の牧野忠精（前・京都所司代）、松平右京大夫は大坂城代の松平輝延、大久保加賀守は老中大久保忠真で、この写本には61～64頁に載せたような判例が多数列記されているが、これらの判例は去る寛政九年（一七九七）閏七月、寺社奉行・町奉行・勘定奉行の三奉行で構成される評定所一座（重要な裁判や評議などを行なう幕府の最高裁判所）で享保以来の旧例を集め、それらの中から「死罪以下軽罪のもの迄も、夫々仕成し候悪事の箇条を立、新古の差別なく相当仕るべき先例に引き合わせ、享保以来追々仰せ出され候趣をも勘弁仕り協議仕り、御仕置き見合いに相成るべき大概を取り調べ」たものである。

読み本の作り方

これまで比較的短文の文書・記録類や、やや長文の板本を写し取ったり読んだりしてきた。最初に掲げた三通の書状は、ほぼ同様な書式・内容ではあったが、文字のくずし方に多少の差異があったし、「五人組証文之事」では異体字が、板本では変体仮名というものがあることを知り、「唐物抜荷御仕置一件」では、読み書きにかなりの自信が深

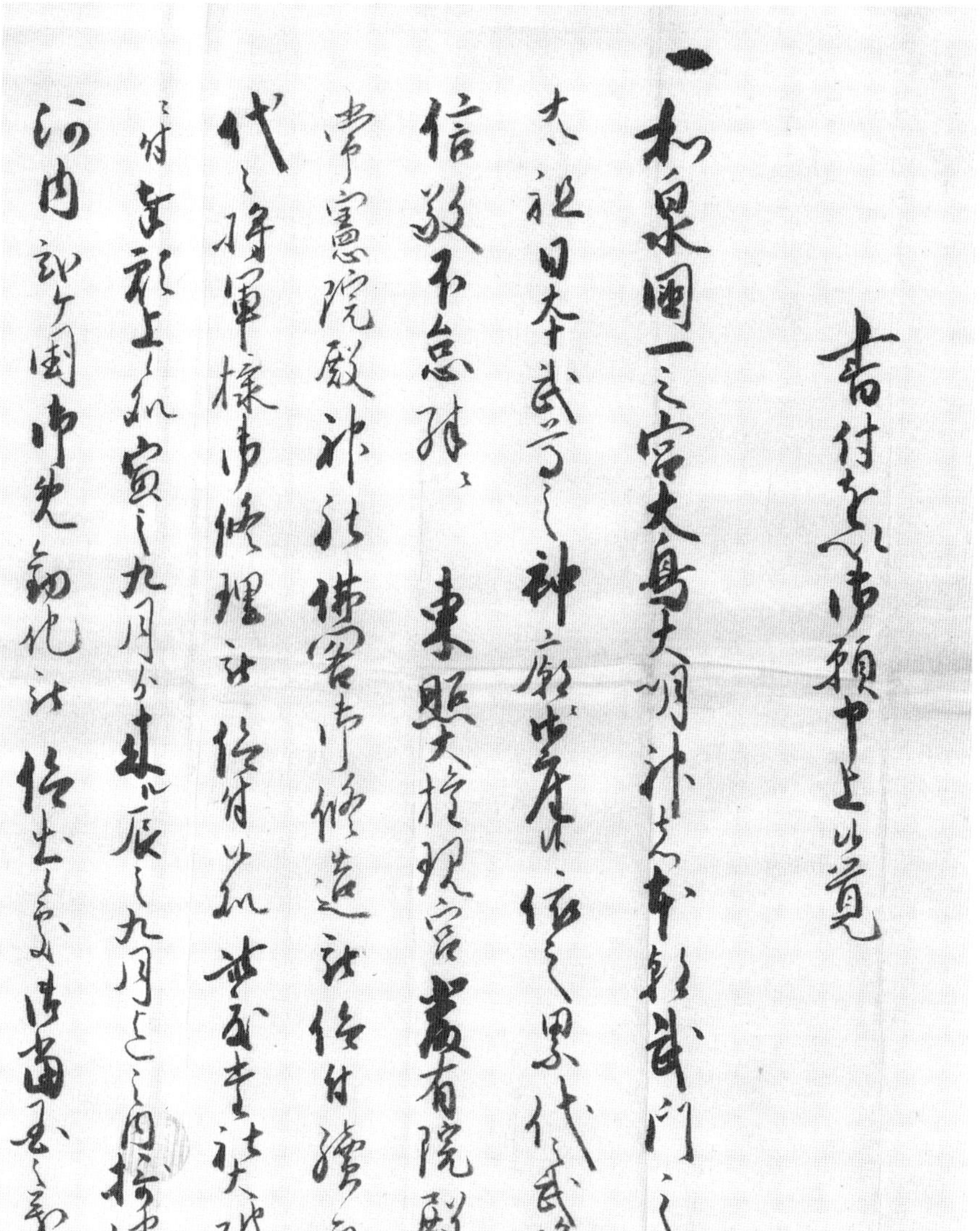

❾　読み本を作る〔書付を以御願申上候覚〕

始ニ而ニ候趣之義ニ付全国之振合も承知仕度申上候段

左ニ申上候

一 泉州勧化之節も堺府御奉行并御家中

御役人御領主并寺院附之格式定法何卒

下知被成下候様ニ而御寺院之泉州郡中上候

一 御領内巡行之節ニ者泉州寺之村継人足等引立

以テ一宿相頼申度候申上候

一 御領内勧化付自然相働り候寺之志巡行之

義も難関ニ付御沙汰書下載持参之儀ニ仕度

候事

右奉願上候通御許容ニ相成候而難有之存奉候

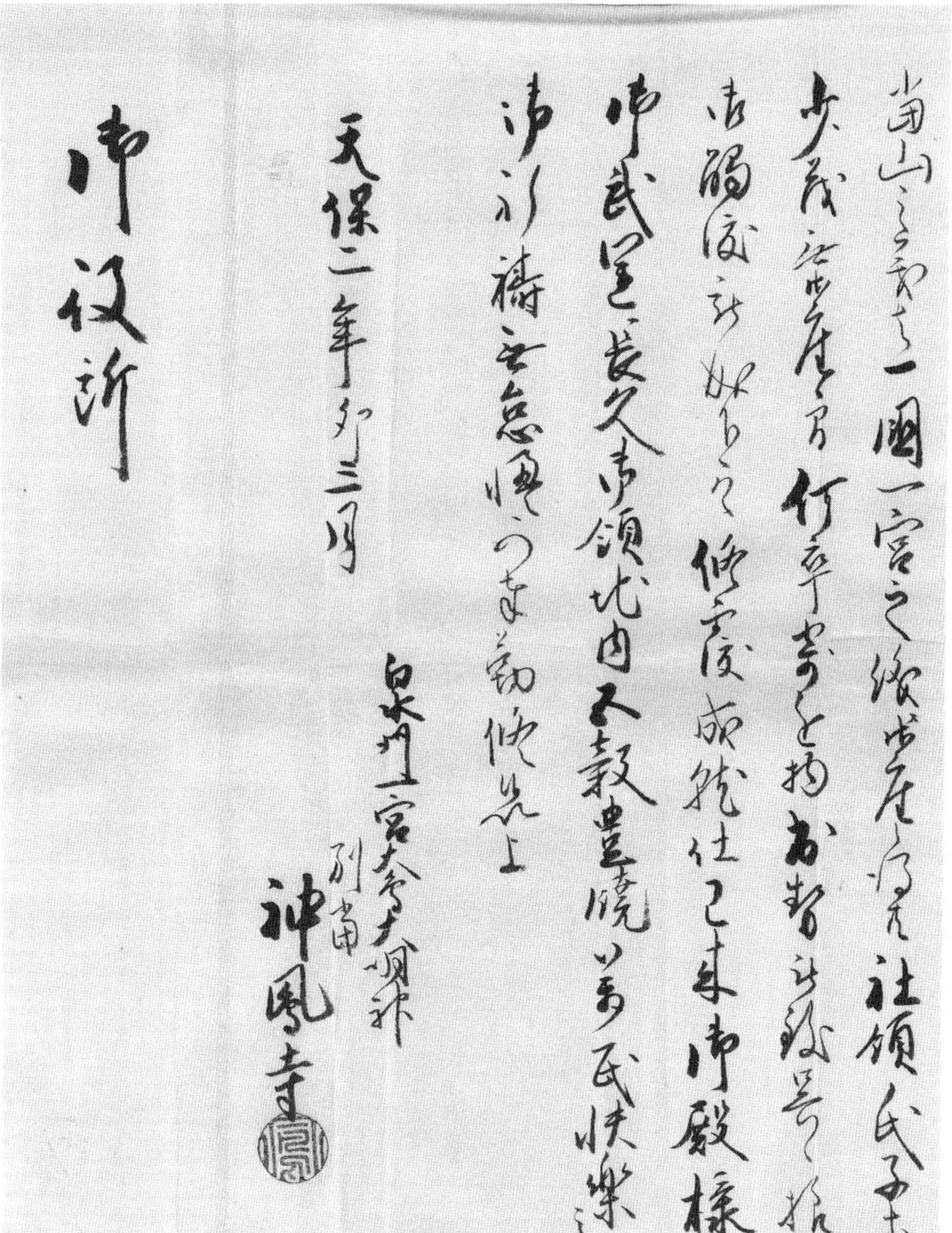
当山之義者一国一宮之儀ニ御座候得共社領氏子等
少義ニ御座候間何卒[illegible]
御聞届被成下候ハヽ[illegible]成就仕[illegible]御殿様
御武運長久御領内五穀豊饒万民快楽之
御祈祷無怠慢相勤可申候以上
天保二年卯三月
泉州一宮大鳥社
別当
神鳳寺[illegible]
御役所

①②③④⑤⑥⑦⑧⑨⑩⑪⑫⑬⑭⑮⑯⑰⑱⑲⑳㉑㉒㉓㉔

書付を**以**御願申上**候**覚

一□□国一□□□□□□者□朝□□□
□□□□尊□□廟□□□候□□累□之□□
□敬□□殊□　□□□権□□厳□□□
□憲□□□□□閣□□□被仰□□□而
□々□□□□□□被仰□候処此度堂□□□
□□奉願□候□□□□□ゟ来□□□□□迄□□□摂津
□□弐□□□□勧化被　仰出候處□當国之義□
□□被仰出候義□□□□□□□□以御願申□□□
□□□□□
一□州勧□□節者□□□□□□并□□□
□□敷□領□□□寄□□□□□座候間□□
可相成□□□□□候ハ、□寄□□□品□□□□□
一□□□□□□節其品□寄□継□□并行暮
□□□□□□相□□□□□□□
一□□□□□□□□然□偽□似寄□□□□□
義□難□□□□添□頂戴持参證跡□□□
□御□
□□□□□□通□許容□□□候□□難有可□□□別□

めらたであろう。

そこで今度は、「読み本」の作成について触れておくこととする。前例によりとりあえず一通の文書を筆写して頂きたい（67～69頁、写真❾）。文字数は全部で四一九字。そのなかには重複して書かれている文字が少なくないので、参考のために三回以上出てくるものを掲げておく。（　）内の数字が頻出回数である。

御（30）　候（22）　之（19）　一（9）　ニ（8）
被（7）　上（7）　付（6）　大（6）　座（6）
義（6）　願（5）　国（5）　奉（5）　内（5）
ハ（5）　寄（5）　領（4）　神（4）　武（4）
仰（4）　成（4）　申（4）　、（4）　者（3）
間（3）　而（3）　度（3）　様（3）

もっとも、これらのすべてが楷書で書いてあるわけではなく、くずし方にも少々の差異はあり異体字で書いたものもある。そこで念のため、いくつかの文字を拾って**太字**で示しておく。読めないときの参考にしてほしい。

このうち二行目⑬と一一行目⑧の**者**、五行目⑯と九行目③の而、二〇行目②の茂は、いずれも変体仮名であるが、もとの漢字で示した。空白の□を埋めると72～73頁上段のようになる。

なお、例によって便宜上①②③④…㉓㉔の番号を付けたため、句読点や返点を付けることができなかった。もっとも句読点や返点は、もともと古文書・古記録には無いのが普通で、読み方の便宜上付けたものであるから、これらを筆写するときには当然不必要なものである。

□□□□者□□□□□□□□□□得共□□□□等
□□□□□□□□□□進物出勢被□□□□
□□渡□□□□□□□覆□就□□来□□□
□□運□□□□□□□□□饒萬□□□□
□祈祷□□慢可□□□□□□
□□□□□□□□□
□□
□□□□□□□　□　鳳　□　㊞

しかし、文中で息を休めたり言葉の切れるところが判りにくいと、たとえば、「難船救助ニ罷在候上荷船乗共難船相助…」という文章を写すときに、

①難船救助ニ罷在候上、荷船乗共難船相助…（難船救助に罷(まかり)り在(あ)り候上(うえ)、荷船乗(にぶねのり)ども難船(なんせん)相助け…）
②難船救助ニ罷在候、上荷船乗共難船相助…（難船救助ニ罷り在り候、上荷船乗(うわにふなのり)ども船相助け難(がた)く…）
③難船救助ニ罷在候上荷船乗共、難船相助…（難船救助ニ罷り在り候上荷船乗共、難船相助け…）

というような間違いをおかすことになる。正しくは、である。したがって、古文書・古記録の文字を清書して判りやすく書き換える「読み本」を作成するときには、誤読を防ぐため、読点の「、」だけは付け、また漢字書きの助詞などは、やや小さめに書くのが通例であり、さらに便宜上中黒の「・」を用いることもある。

こうした「読み本」を作成するにあたって、原本にない文字を書き加えるとき、例えば「進物出勢被致呉(精)」のよう

に傍注を加える場合などは、必ずその文字を（　）で囲む。また、虫損などで文字が読めないときには、□を書く。たとえば二字読めない場合は□□、三字読めないときは□□□とするが、おおよそ五字以上だろうかと思われるような場合には、［　　　　　　　　］のように字数分と思われる範囲を囲んでおく。

そのほか原本（原文書・原記録）の誤記などで文意が通じない場合、推定確実であれば「歳暮（薄暮）」、不確実なら□□□（無御座カ）などとする。どのように考えても語意・文意が通じないときには□□（ママ）としておく。

また、先に写した大鳥大明神別当神鳳寺提出の文書中「東照大権現宮」の上が一字分空白になっているが、これは天皇や貴人の名を書くとき、敬意を表わすため、そのすぐ上を一字または二字分明けて書く**闕字**（けつじ）であり、同様に敬意を表する書き方に、例えば、

①②③④⑤⑥⑦⑧⑨⑩⑪⑫⑬⑭⑮⑯⑰⑱⑲⑳㉑㉒㉓㉔

　　書付を以御願申上候覚
一和泉国一之宮大鳥大明神者本朝武門之
太祖日本武尊之神廟ニ御座候依之累代之武将
信敬不怠殊ニ　東照大権現宮厳有院殿
常憲院殿神社仏閣御修造被仰付続而
代々将軍様御修理被　仰付候処此度堂社大破
ニ付奉願上候処寅之九月ゟ来ル辰之九月迄之内摂津
河内弐ケ国御免勧化被　仰出候処御当国之義ハ
始而被仰出候義ニ付余国之振合を以御願申上度儀

【読み本】

　　書付を以御願申上候覚
一和泉国一之宮大鳥大明神者、本朝武門之
太祖日本武尊之神廟ニ御座候、依之、累代之武将
信敬不怠、殊ニ　東照大権現宮・厳有院殿・
常憲院殿、神社・仏閣御修造被仰付続而
代々将軍様御修理被仰付候処、此度堂社大破
ニ付奉願上候処、寅之九月ゟ来ル辰之九月迄之内、摂津・
河内弐ケ国御免勧化被仰出候処、御当国之義ハ
始而被仰出候義ニ付、余国之振合を以御願申上度儀、

左ニ申上候
一泉州勧化之節者堺府御奉行并御家中
御屋敷御領主方御寄附之格御座候間何卒
可相成義ニ御座候ハ、御寄附之品御願申上候
一御領内巡行之節其品ニ寄村継人足并行暮
候ハ、一宿相頼申度御座候
一御領内勧化ニ付自然相偽り似寄之者巡行之
義も難図候間御添書頂戴持参証跡ニ仕度
候御事
右奉願上候通御許容被成下候ハ、難有可奉存候別而
当山之義者一国一宮之儀ニ御座候得共社領氏子等
少茂無御座候間何卒寄進物出勢被致呉候様
御触渡被成下候ハ、修覆成就仕已来御殿様
御武運長久御領地内五穀豊饒萬民快楽之
御祈祷無怠慢可奉勤修候以上
泉州一宮大鳥大明神
天保二年卯三月　　別当
神　鳳　寺㊞
御役所

左ニ申上候、
一泉州勧化之節者、堺府御奉行并御家中
御屋敷御領主方御寄附之格御座候間、何卒
可相成義ニ御座候ハヽ、御寄附之品御願申上候、
一御領内巡行之節、其品ニ寄、村継人足并行暮
候ハ、一宿相頼申度御座候、
一御領内勧化ニ付自然相偽り似寄之者巡行之
義も難図候間、御添書頂戴持参証跡ニ仕度
候御事、
右奉願上候通、御許容被成下候ハ、難有可奉存候、別而
当山之義者一国一宮之儀ニ御座候得共、社領・氏子等
少茂無御座候間、何卒寄進物出勢（精）被致呉候様
御触渡被成下候ハ、修覆成就仕、已来御殿様
御武運長久、御領地内五穀豊饒・萬民快楽之
御祈祷、無怠慢可奉勤修候、以上、
泉州一宮大鳥大明神
天保二年卯三月　　別当
神　鳳　寺㊞
御役所

榎坂四ケ村輩、可被
致軍忠者、
天気如此、悉之、
正月四日　勘解由次官（花押）
〔後醍醐天皇綸旨〕

のように、三行目の「天気」（天皇の御気色）以下が改行（行替え）になっている**平出**（へいしゅつ）や、

奉
天承運
皇帝、制曰、聖仁
廣運凡天
覆地載、莫
不尊親（中略）
皇祖誕育多方、
〔明主詔命〕

のように、改行したうえ、さらに普通の行よりも一字分か二字分上げて書く擡頭（たいとう）（抬頭）があるが、これらも原文書のとおりに書き写す。

これらのほか、原文に小文字で「御念仏所法皇歩行女院用輿」のように二行割りで書いてあるものも、原文どおり小文字の二行割りにする。漢字や変体仮名は文意を損ねない限り常用漢字・平仮名に改めてもよいが、原文にこだわるならば**者**（は）・**而**（て）・**茂**（も）・**得共**（えども）などは、やや小さく書けばよい。片仮名は原文のままとする。したがって前掲文書の「読み本」を作成すると、72～73頁下段のようになる。

なお、この文書のような仮名混じり文ではなく、漢字だけのものについては、たとえば「無㆓怠慢㆒可㆓勤修㆒候」または「無㆓怠‐㆒慢可㆓勤‐㆒修候」のように返点をつけたり、さらに「怠慢なく勤修すべく候」などと読み下し文を作成する場合もある。

第三章●

書簡・手紙を読む

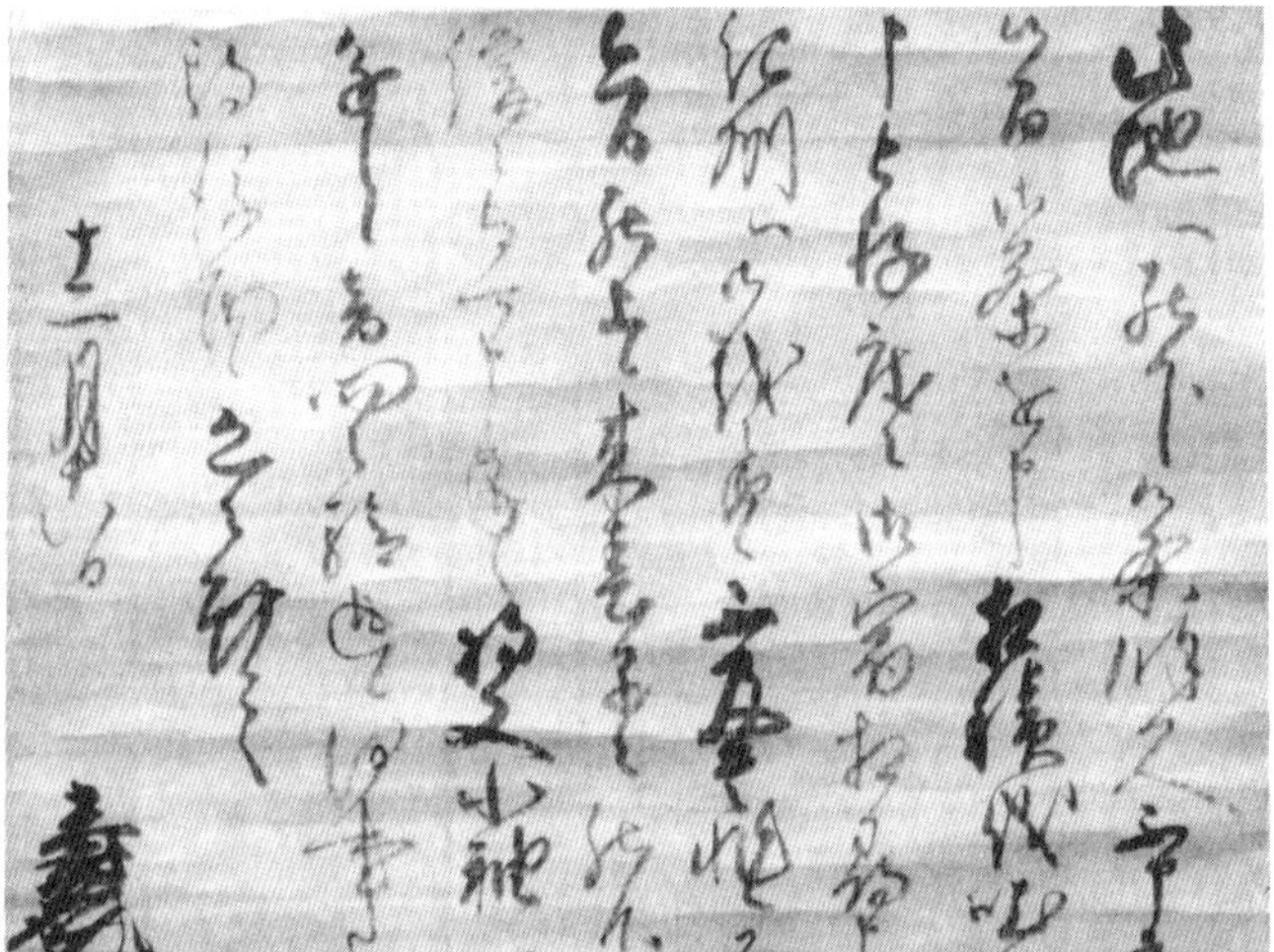

本願寺教如書状（75頁）

此地へ罷下候条、餘久不二申承一
候間、御茶を申、相積儀咄可
レ申と存、度々御宿相尋申候へハ、
紀州へ御越之由候、不レ及二是非一候、早
近日罷上候、来春早々罷下、
緩々と可二申承一候、将又小袖二
進レ之候、音問之験迄候、何事も
期二後面一候、恐々謹言、

十二月十八日　　光寿（花押）

祐筆が書いた書状―徳川宗直書状

日記その他の「先祖の残したものを読みたい」「読めるようになりたい」という人々にとって、手近に見ることのできるものに、いわゆる私文書の書状類がある。

書状は今日の言葉の手紙に相当するもので、書牘（しょとく）・尺牘（せきとく・しゃくとく）・書簡（しょかん）・簡札（かんさつ）・雁札（がんさつ）・消息（しょうそく・しょうそこ）など、いろいろな名称で呼ばれるが、その様式は時代によって変化があり、奈良時代はもちろん漢文体で、中国にならって啓（けい）の形式、たとえば正倉院文書に見える

謹啓　必欲レ得、

黄良高　　七気丸　干薑丸

右薬、今可レ用、仍注レ状、恐々謹啓、

二月十八日　　小野大庭

のように、現在もよく用いられている「謹啓」のほか、「誠恐々謹啓」や「誠恐誠惶謹啓」などの書き出しが用いられ、書き止めも同様な句で結ばれた。

日付けは低くて紙幅の中央あたりに記し、その下に署名し、署名には「謹上」「謹状」などの下付（したづけ）を添え、宛所（あてどころ）には「何某尊者侍者」あるいは「侍者」のほか、「御座下」「足下」「殿門」「御前」「左右」などと記す。

平安時代には書き出しを省略することも多くなり、書止めも「誠惶謹言」「誠恐謹言」「謹言」などと後に中世・近世に見られる形と同様になり、署名の下付けも少なくなる。中世には漢文体の日本化が著しくなって、「候文」が普及し、署名も花押と併用したり、単に花押を据えるだけともなった。同時に仮名文も多くなり、女性の消息は平仮名を散らし書きすることも盛んになった。

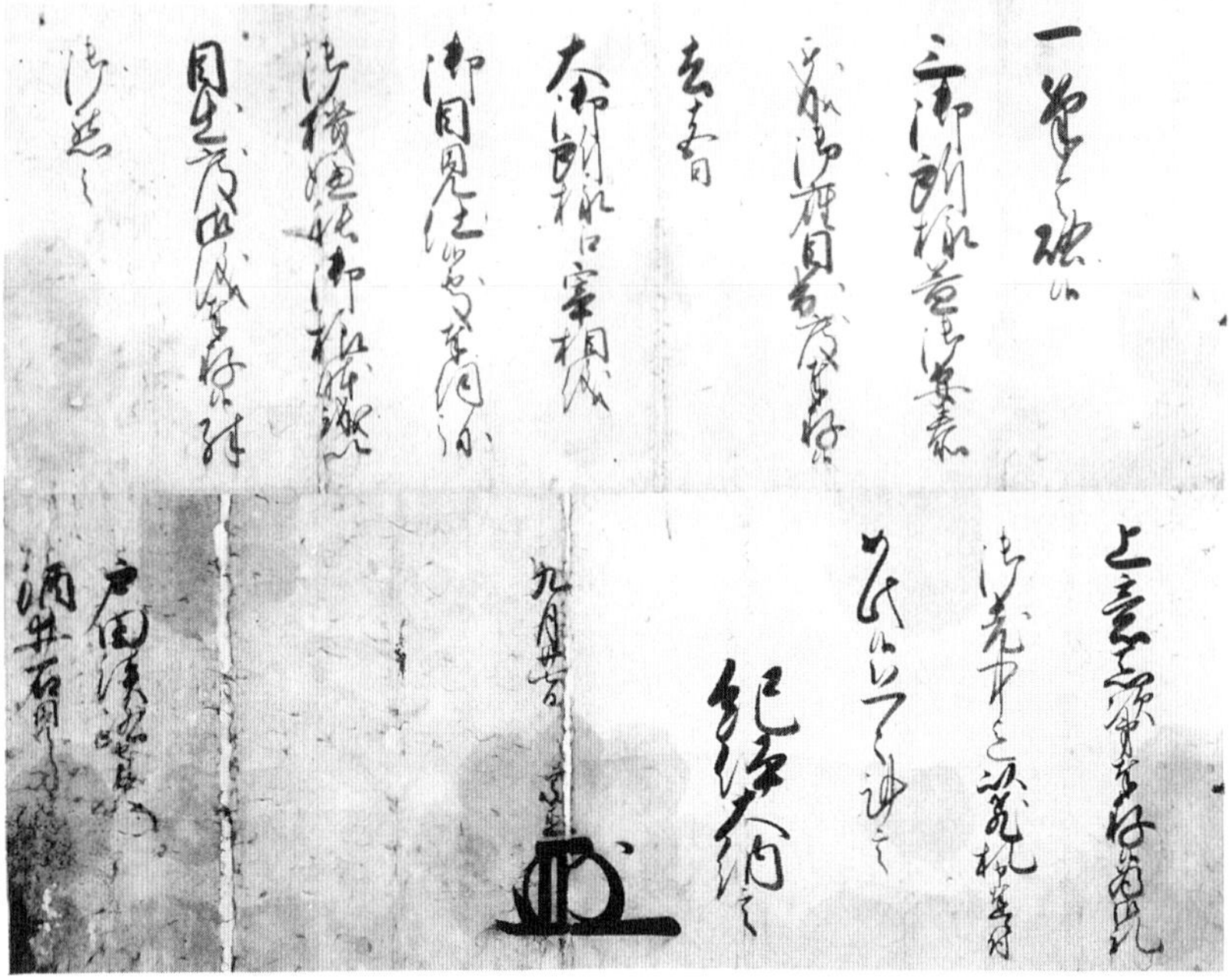

❶　祐筆が書いた書状〔徳川宗直書状〕

さらに中世・近世には、例式の発達に応じ書札礼と称して、差出人と受取人との身分関係により、また内容の性質によって、書式についての規式が発達し、相手に対する敬意の度合いによって、用語の区別だけでなく宛書きにも幾種かの段階が用いられるようになった。

そうしたことから、一口に書状といっても形状・内容はもとより、それが作成された時代から、差出人と受取人との関係に至るまで種々のものが含まれ、これらを読み、理解するのは甚だ厄介なことである。それは、先祖からの襲蔵者は別としても、一般に書状類の多くはその内容が、当事者すなわち差出人と受取人との間では十分判り切ったこととして書かれていることが、後世にそれらを読もうとする第三人者にとっては判りにくい場合が多いためである。

とりあえず一通の書状を見よう。上の写真❶の差出人名は、大きく「紀伊大納言」と書かれ、少々読みにくいが日付の下に小さく「宗直」とあって花押が据えられている。尾張大納言・水戸中納言と並んで御三家と呼ばれた紀伊国和歌山藩五十五万五千石（徳川家）第六代の藩主徳川宗直である。初代藩主徳川頼宣の孫で、正徳元年（一七一一）十一月二十二日、伊予西條藩三万石の第二代藩主となり、松平頼致と称したが、享保元年（一七一六）五月、第六代和歌山藩主吉宗が第八代将軍に就任したため宗家を継ぎ、吉宗から「宗」の一字を与えられて紀伊中将宗直と称し、延享二年（一七四五）十月、従二位権大納言に叙任された。

　この書状は宗直本人の自筆ではなく、祐筆（右筆）が書いたもので、いわゆる御家流で丁寧に書かれているからほとんど間違いなく読めるであろうが、念のため文面を掲げておくと、80頁のようになる。

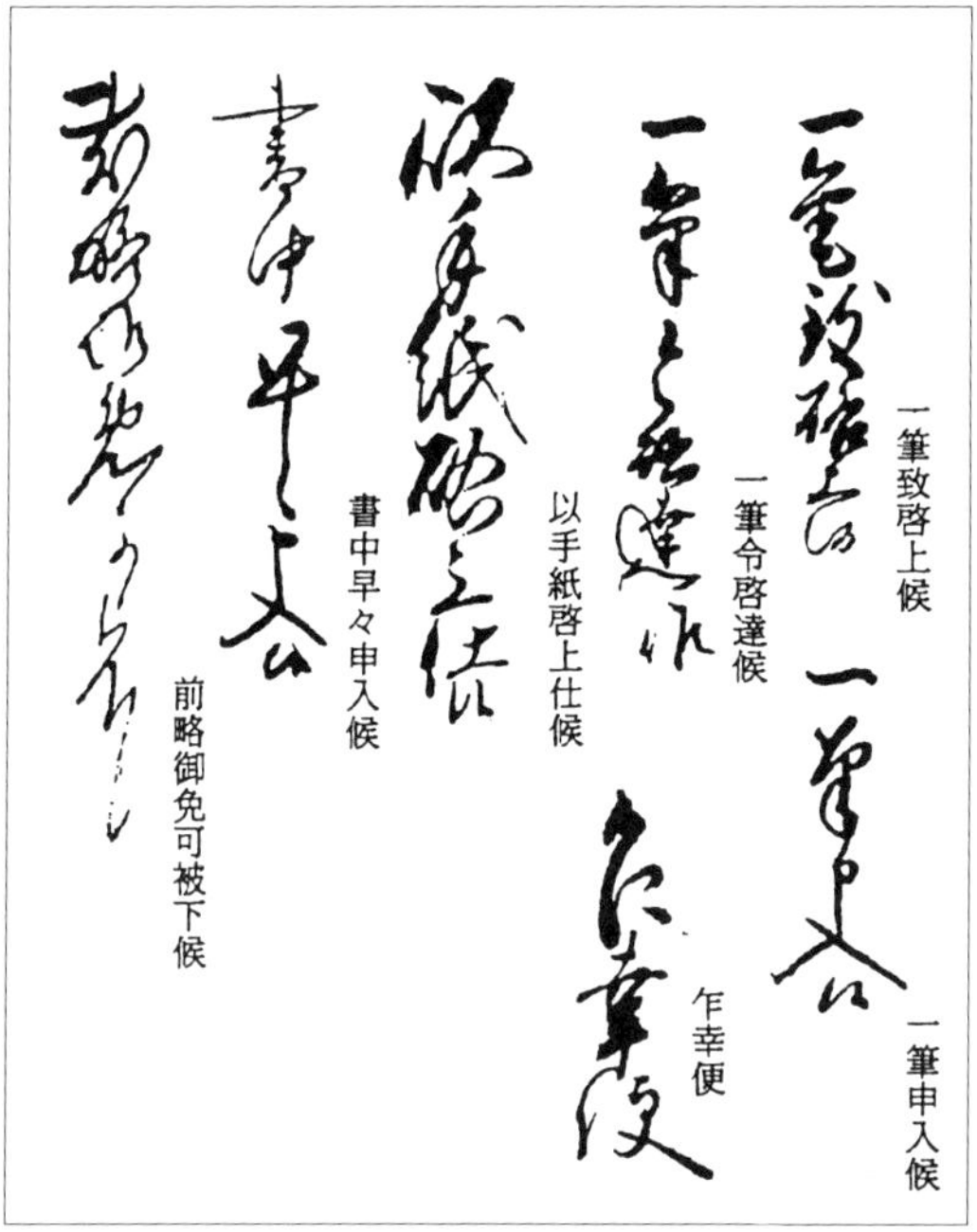
一筆致啓上候
一筆令啓達候
以手紙啓上仕候
書中早々申入候
前略御免可被下候
一筆申入候
乍幸便

　上段一行目の書き出しは「端づくり」ともいい、古文書では上のような例が多く用いられているが、現在使用されている「拝啓」「前略」「拝復」「拝答」などに相当する。

　二行目の「三御所様」は、大御所（前将軍）すなわち徳川吉宗（第八代将軍）と将軍の徳川家重、および世子の徳川家治を指す。

　五行目の「宰相」は宗直の長男宗将。享保十六年（一七三一）十一月、左近衛中将、元文五年（一七四〇）に参議に任ぜられた。「宰相」という用語は『広辞苑』（岩波書店）に、

【上段】

一行目　一筆令レ啓候、
二行目　三御所様益御安泰
三行目　被レ成二御座一、目出度奉レ存候、
四行目　去十五日
五行目　大御所様江宰相儀
六行目　御目見仕候処、奉上伺弥
七行目　御機嫌能御様躰下、誠以
八行目　目出度御儀奉レ存候、殊
九行目　御懇之

【下段】

一行目　上意忝次第奉レ存候、為二御礼一
二行目　御老中迄以二飛札一申達候付
三行目　如レ此候、恐々謹言、
四行目　　　　紀伊大納言
五行目　九月廿七日　　宗直（花押）
六行目　戸田淡路□□（守殿）
七行目　酒井石見□□（守殿）

「①古く中国で、天子を補佐して大政を総理する官。丞相。②参議の唐名。③総理大臣。首相。」とあり、また「宰相の中将」として、「参議で、近衛中将を兼ねたもの」と説明されている。

下段に移ろう。二行目の「飛札」は『広辞苑』には、「飛脚に持たせてやるいそぎの手紙。急用の手紙」とあるが、他方、『古文書用語辞典』（柏書房）には、

「江戸時代、五万石以下の大名が、国もとから将軍家の御祝儀のおりに、祝意を表するため飛脚に託して運ばせた書札のこと。→使札」

と解説され、また「使札」については、

「江戸時代、将軍家に御祝儀ごとがあったとき、幕府からの通達を受けて国もとにいる大名が使者を立てて祝意を表した書札（書状）を老中を介して差上げる場合があったが、使札はその書状のこと。なお、使札は五万石以上の大名で、それ以下の大名は、飛脚に書札を託する*飛札によって祝意を表した。」

と詳細に解説されている。

しかし、これらの説明は一般的な例によるもので、前掲の徳川宗直書状には明らかに「御老中迄以二飛札一申達候付…」と記されている。まさか紀伊五十五万五千石の大守の祐筆が書札礼に通じていなかったとは思えず、古文書には右のような例外も決して少なくない。

三行目の「恐々謹言」は上段一行目の書き出しに対する書止めで、本文の末尾に書くもの。既述のように、先方に対する敬意の度合いによって、「某誠惶恐々頓首謹言」「某頓首謹言」「誠恐謹言」などが用いられたが、近世では普通「恐惶謹言」「恐々謹言」「謹言」などが用いられ、相手が同等またはそれ以下の場合は「草々」「匆々」「不乙」「かしく」なども使用された。今日の「敬具」「拝具」「草々」「不一」「かしこ」などに当たるものである。近世の文書から「恐惶謹言」「恐々謹言」の例を掲げておく。

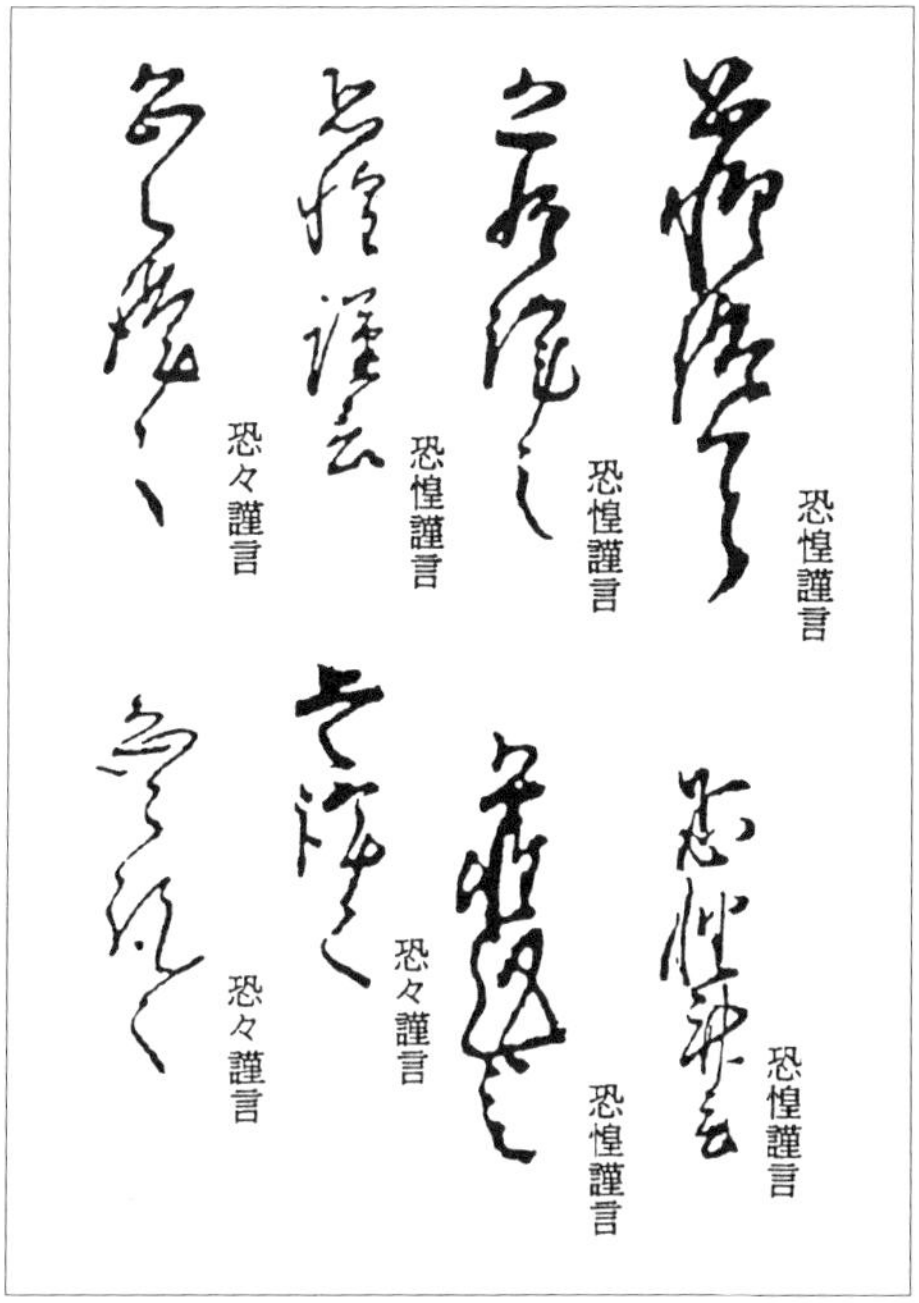

いささか横道にそれたが徳川宗直書状に戻ろう。下段の末尾に記された宛名の戸田淡路守は、三河畑ケ村藩十万三千石の第二代藩主戸田氏房（うじふさ）、酒井石見守は、出羽松山藩二万五千石の第三代藩主酒井忠休（ただよし）である。宗直書状には「九月廿七日」とあるだけで年次の記載はないが、これらの人物の略歴によって、この書状が発行されようとしたおおよその時期は推量される。

まず第一に宗直の長男宗将が「宰相」すなわち参議に任ぜられたのは、元文五年の二月一日であるから、それ以後のこととなる。もっと絞れば、宗直が権大納言に任ぜられたのは、延享二年（一七四五）十月十五日であるから、それ以後のことになるが、宝暦七年（一七五七）七月七日には世を去っている。

また、戸田氏房は元文元年十一月二十三日に奏者番、延享元年十一月二十三日には西丸若年寄となり、宝暦八年（一七五八）にその職を辞している。

いま一人の酒井忠休は延享四年三月十一日に奏者番、寛延二年（一七四九）七月六日に西丸若年寄となり、石見守と改めたのはこのときであり、宝暦十年には本丸若年寄に移っている。

こうしたことから推量すると、この書状が作成されたのは、戸田氏房・酒井忠休両人が、同時に西丸若年寄として大御所吉宗の側近にあった寛延二年九月廿七日から宗直が没する前年、すなわち宝暦六年の九月廿七日までの七年間のうちであったことになる。

なお、さきの説明中で「この書状が発行されようとした」と傍点を振ったのには、いささかの理由がある。写真として掲げたものは、実際に西丸若年寄の戸田氏房・酒井忠休の手元に届けられた現物ではなく、また下書きでもない。旧蔵者は、先に紹介した和泉貝塚寺内町の地頭であり、かつまた貝塚御坊願泉寺の住職であった卜半（ぼくはん）家の第十五代卜半陸夫氏であったが、故あって同氏から私が頂いたものである。

貝塚寺内町は、周囲の大名領地とは独立した特殊地域であり、天正年間から卜半家の始祖卜半斎了珍を領主と仰ぐようになって、豊臣秀吉・徳川家康から寺内の保護・保障を証する禁制を与えられ、慶長十五（一六一〇）年に家康から、

泉州貝塚
卜　半

和泉国貝塚本願寺下卜半寺内諸役令二免許一之処如レ件

慶長拾五年六月廿六日（黒印）

を与えられ、これがしきたりとなって、代々の将軍から同様な文意の朱印状を下付された。

そうした因縁もあって、紀伊徳川氏は参観交代の途次卜半邸に宿泊ないし休息するのを常としたが、右の徳川宗直書状は、宗直の祐筆が卜半家に置き忘れたものか、または処分するのを忘れた物らしい。

と言うのは、この書状の裏面には、本文と同じ書体で「一筆令申候仍」の六文字が書いてあった。ということは、祐筆が使用中または書き損じの料紙であることを忘れてうっかり反面に戸田・酒井宛の宗直書状を書き上げ、発行の段階でようやく気づいて新たな料紙に書き直し、この文書は没にしたものと思われる。文書の作成から発行に至る間の例として頂いたものであるが、人を介して表装を依頼したため、表具師が裏面を残すことを聞いたのか忘れたのか、ごく普通の掛軸になってしまったのは返す返すも残念である。なお、この書状は折紙に書かれたものを、折り目から切り離して軸装仕立にしたものである。

本人が書いた書状―後藤松陰書状

次に本人自筆の書状を読もう。84頁の書状（写真❷）の差出人は、江戸時代後期の儒学者として知られた後藤松陰（一七九七―一八六四）。名は機、字は世張、通称は春蔵または俊蔵。松陰というのは号で、別号に兼山・鎌山・春草などがある。美濃国安八郡名森村に生まれた。幼年から神童の称があり、大垣藩儒菱田毅齋・頼山陽・篠崎小竹らに学んだが、後に〈文は松陰、詩は旭荘〉と、広瀬旭荘と並び称せられたほどの名文家となった。

いわゆる達筆の手紙であるが、とりあえず拾い読みしてみよう。

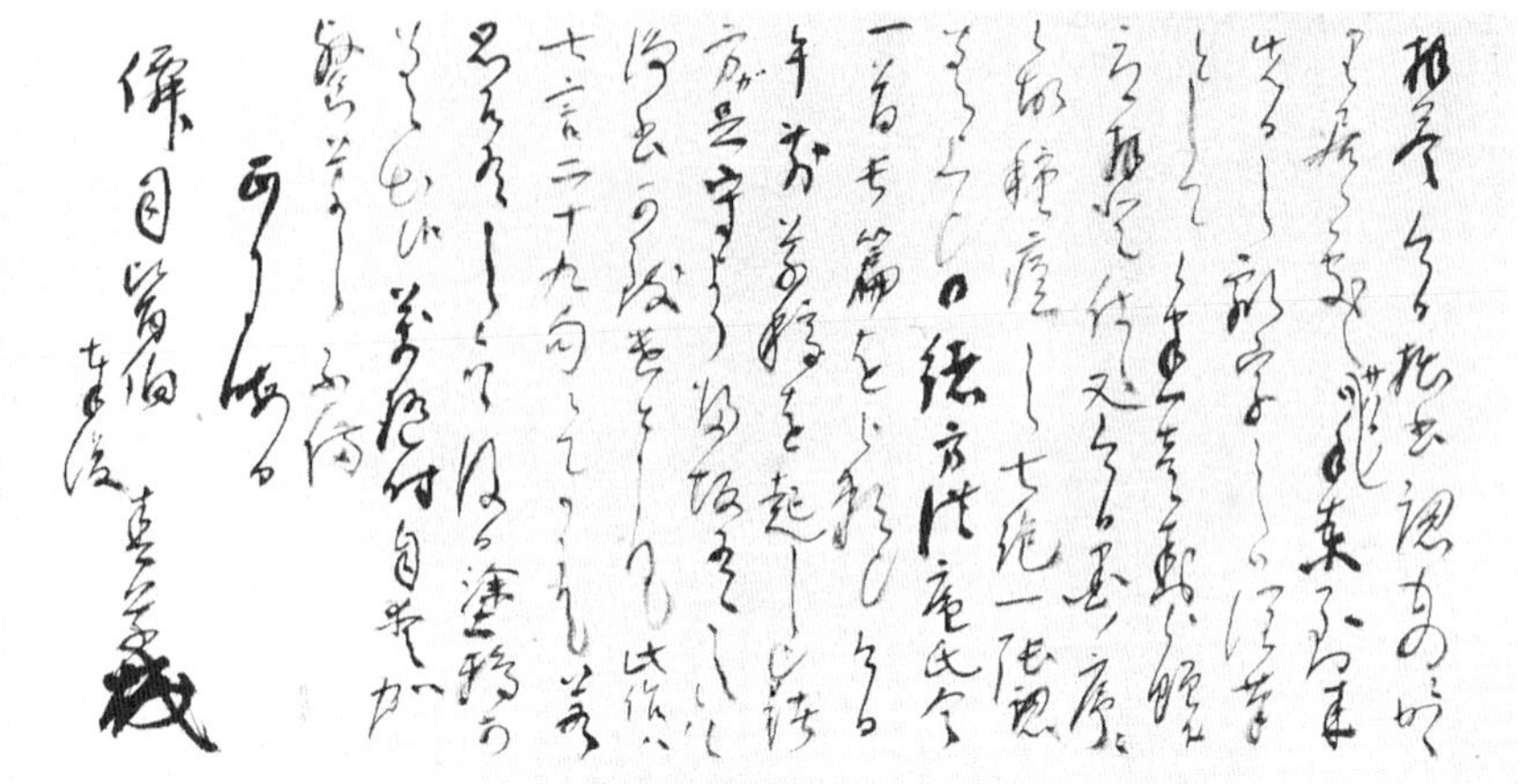

❷　本人自筆の書状〔後藤松陰書状〕

①②③④⑤⑥⑦⑧⑨⑩⑪⑫⑬⑭

一行目　拝答今日拙者認ものニか丶
二行目　り居候處へ廿八日ノ御手柬到来
三行目　先日之額字之御潤草
四行目　として金壱封被贈下
五行目　恭拝登仕候又今日墨ノ序ニ
六行目　候故種痘之七絶一張認
七行目　差上申候〇緒方洪庵氏今
八行目　一首長篇を被頼申候今日
九行目　午前草稿を起し申候緒
一〇行目　方ガ足守より帰坂有之候ハ、
一一行目　浄書可致遣と存候此作ハ
一二行目　七言二十九句ニて御座候若
一三行目　思召有之候ハ、後日塗鴉可
一四行目　差出候萬随時自愛加
一五行目　餐草々不備
一六行目　正月晦日
一七行目　僊司医伯　春草（花押）

奉復

書き出しの一行目①―②の「拝答」は、現在常用されている「拝復」と同様に、相手の手紙に対する返書であることを示す。⑤の「拙」は手偏であるから旁の「出」と合成すれば分るであろう。二行目①は漢字の「里」をくずした変体仮名で、③の「、」のように見えるのは「候」を略したもの、⑥―⑨は後で書き加え（挿入）たものであろう。三行目③と⑥、六行目⑤、一三行目④の「之」は縦長に書かれていて、四行目②や九行目⑦の「し」と混同しやすい。また、八行目⑥の「被」は、平仮名の「ら」に似ている。

このような例は書状に限らず他の文書にも共通する書き方であるから、そのつど身に付けておくとよい。

近代の書状―前島密の手紙

言文一致、すなわち話し言葉を基準として綴った口語体の文章が流行し始めたのは、おおよそ明治時代末期であるが、昭和の初年までは、まだまだ文語体の手紙、いわゆる「候文（そうろうぶん）」の手紙を書く人も多かった。86頁の写真❸は、明治時代の官僚・実業家、というよりも〈日本郵便事業の創始者〉であり、また国字改良論者としても有名な前島密（ひそか）が、旧友の鮫島尚信に宛てた手紙である。近世以前の書状と比べると、「候文」であっても読みやすい。もっとも近世および近代初期の書状類には、たとえ知識人や教養人の筆になるものであっても、「常用漢字」とか「現代かなづかい」に慣れ親しんだ世代の人々は、思いもよらぬ用語や宛字があるのに戸惑うことがある。

一行目の「昇堂」とは、「人の家などを訪問する」ときに用いる謙譲語。六行目の「感佩」は、「有難く思う」の意。七行目の「成効」は同音の「成功」の宛字（借字）であり、八行目～九行目の「悃願」もまた「懇願」の宛字である。一〇行目の「寸楮」は「寸書」とも書く。もとは「簡単な手紙」という意であろうが、自分の手紙についての謙譲語でもあり、多くの書状類に見ることができる。一一行目の「草々不具」は書止めであるが「恐惶謹言」「恐々

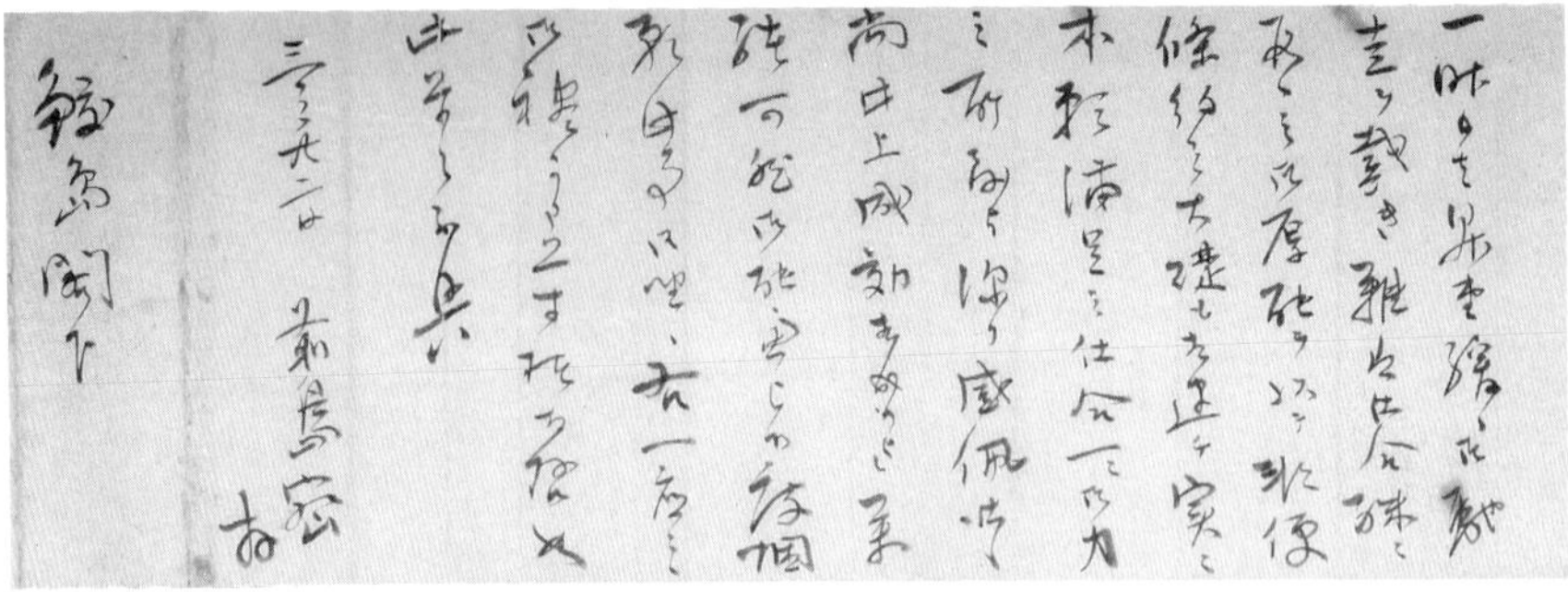

❸　近代の書状〔前島密書状〕

一昨日者昇堂、緩々御馳
走ヲ戴き難有仕合、殊ニ
段々之御厚配ヲ以テ郵便
條約之大礎も相建チ、実ニ
本願満足之仕合、一ニ御力
之所致と深ク感佩仕候、
尚此上成効相成行迄、萬
緒可然御配慮被下度、悃
願此事御坐候、右一応之
御禮可申上、寸楮相啓如
此、草々不具、

三月廿二日　前島密
拝

鮫島閣下

謹言」「謹言」「敬具」「拝具」「かしく」などのような丁重なものでなく、取り急いで走り書きした意を示し、近世の書状類には「怱怱不備」または「怱々不具」「匆匆不備」「怱々」「匆々」などと書かれているものも多い。

それはさて、先に触れたように書状類には当事者、すなわち差出人・受取人であれば判りきっていることも、第三者には判らないことがある。たとえば差出人の「前島密」や、受取人の「鮫島閣下」というのはどのような人物であろうか？

もちろん第三者ではあっても、前島密の子孫や近縁関係にある人々や、日本近代史や日本郵便制度史などの研究者には前島密（まえじま・ひそか）が、日本における近代郵便制度を立案し、その創始者であったことは判り切ったことであり日本郵便の〈一円切手〉にその肖像が見られること。鮫島閣下とは、鮫島尚信（さめしま・なおのぶ）という明治時代の外交官で、外務大輔、議定官、ベルギー公使、フランス特命全権公使、ポルトガル・スペイン両国公使を兼任したことなどは、即座に理解できよう。しかし、たまたまそうした人物に心当たりがあっても、それをもって安易

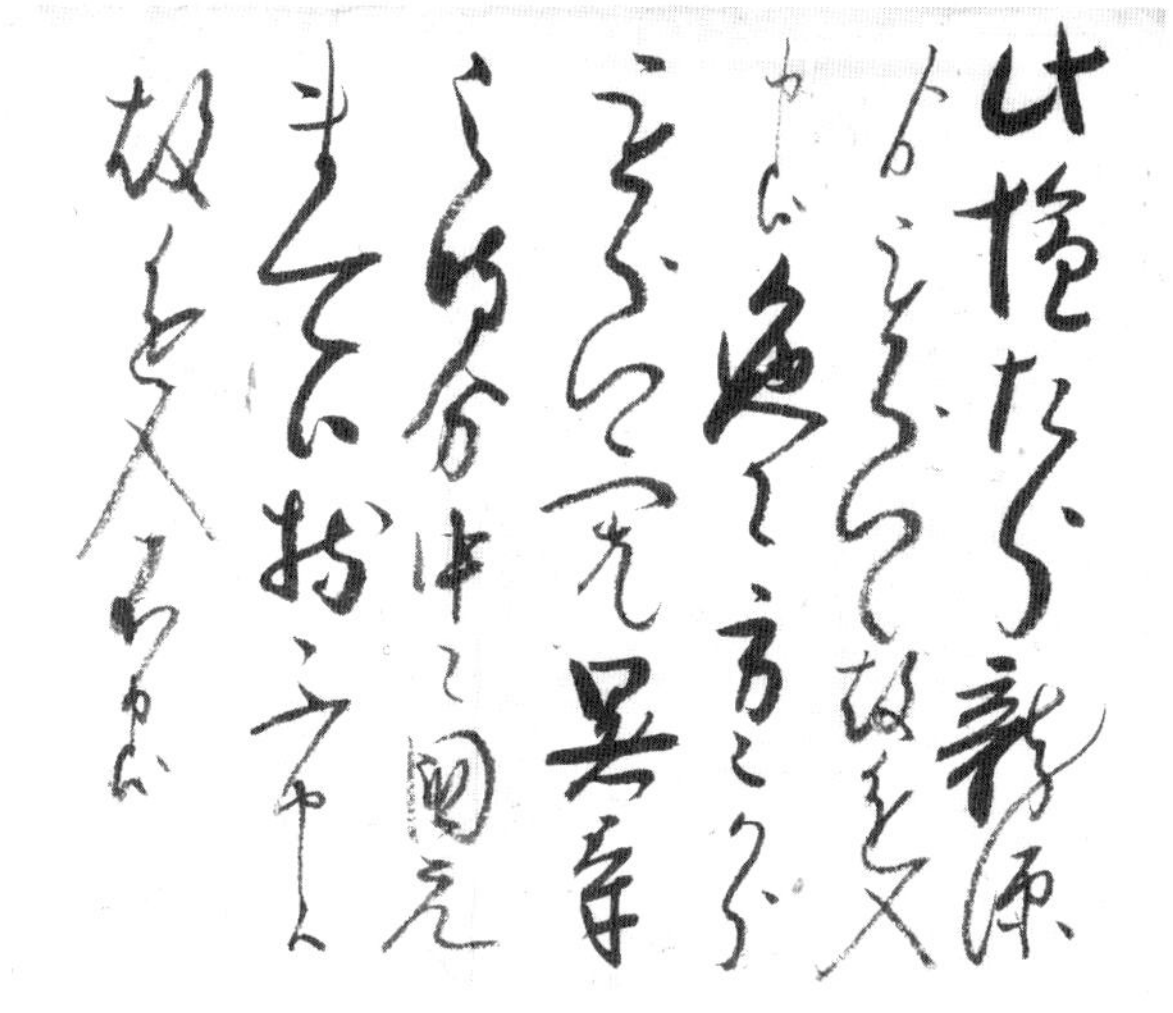

❹ 短文の手紙〔了真書状〕

此塩たら、龍源
ゟもらい候故、進入
中候、色々方々から
もらい候へ共、暑気
之時分中々国元
まてハ持不申候
故、進入不申候、
了諦　　了真

に断定するのは、まことに危険である。

だからといって何らかからの事情で入手したり、あるいは先祖が書き残した古文書を読みたいとか、その内容を理解したいという人々の中には、一面識もない人々に「チョット解読して欲しい」と、大量の文書・記録類を持ち込んだり、あるいは「前島密とか鮫島閣下とはいったい誰なのか？」と電話一本で気安く問い合わせるひともいるようだが、それは余りにも身勝手というものであろう。

教えを乞う者の心すべきことである。

解読の必要に迫られたときには、まず自ら読み解くことに勉め、手段を尽くして調査したうえ、どうしても判らないときに、

「自らの判読・調査の結果を持参して相談する」ことを心掛けるのが肝要であろう。それがマナーというものであり、回りくどいようではあるが「古文書を読み解く」ことへの近道なのでもある。

短文の手紙―了真の添状

いささか横道に逸れたが、書状の中には長文のものもあれば、要用だけを書いた短文のものもある。添状すなわち添え手紙は、人を紹介したり物を贈るとき、その趣旨を書いて添えて送る手紙で、たとえば人を紹介する場合などには、その人物の経歴から性質や行状まで詳細に書き記したものも少なくない。

息休めに短文の添状を読んでみよう。87頁の添状（写真❹）は、父の了真が到来物の塩鱈を子息の了諦へ裾分けするにあたり走り書きしたものである。ほとんど読めない文字は無いだろうが、読んで頂きたい。なお、「進入」は「進め入れ」と読む。

散らし書きの書状―禎寿院書状

ところで、書状の中には常用漢字・現代かな遣いで、行を追って書かれたものに慣れた現代人には、容易に読み解くことの難しいものも少なくない。

たとえば漢字・変体仮名・平仮名混じりで、各行に長短・高低があるうえ、文字の大きさにも大小があって、「どこから読み始め、どこへ続くのか？」と戸惑うような書き方の物がある。いわゆる**散らし書き**がそれである。そうした書状に接したとき、「いったいどこから読んだらよいのか」と投げ出してしまう人々も、決して少なくはない。もっとも散らし書きには、上段に図示したような決った書き順の形式はいく通りかある。したがって、それらの形

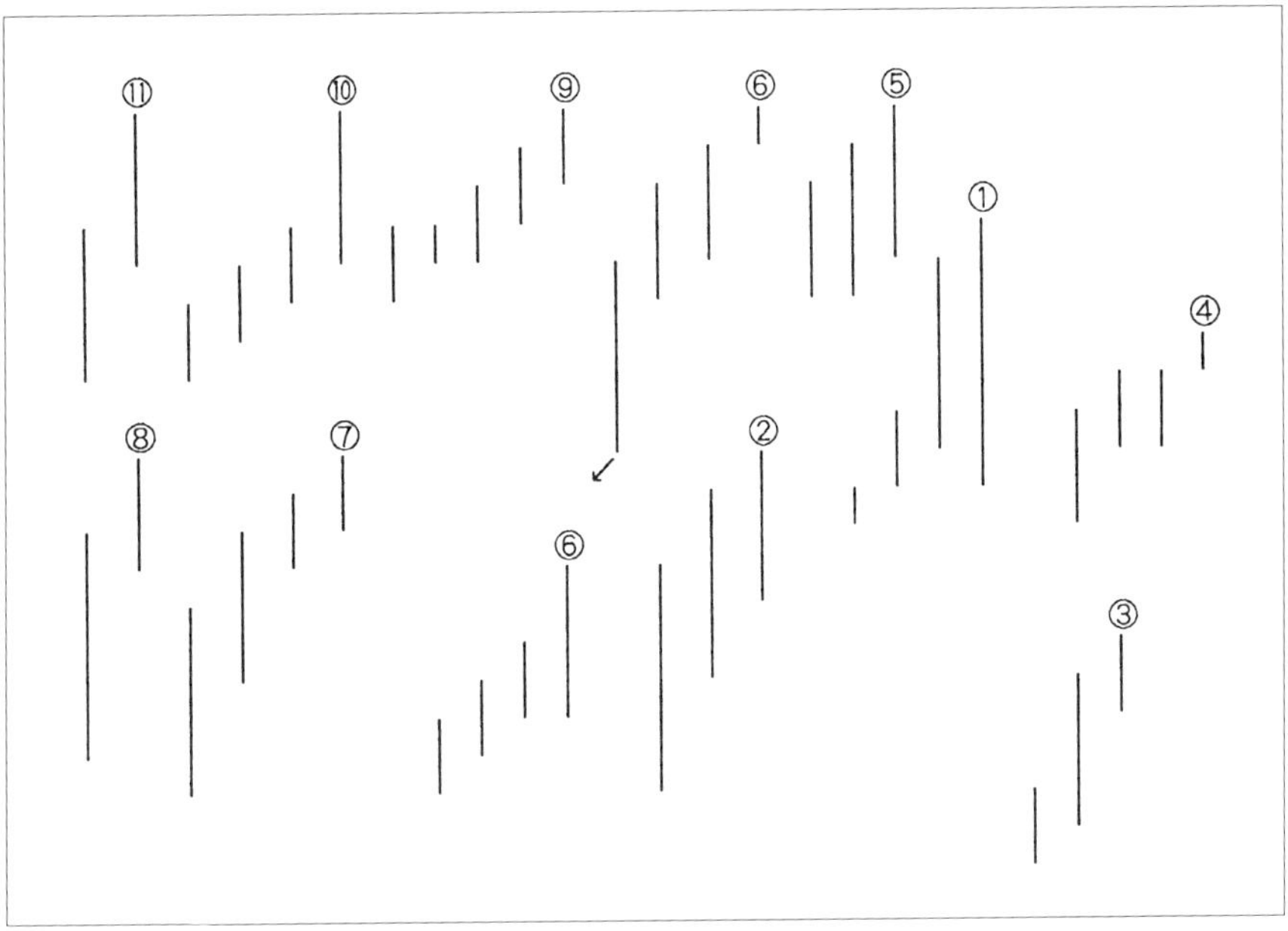

式を覚えておき、一字ずつ文字を判読していけば、決して読めないものではない。しかし現物の文書に触れる機会が少なければ、それぞれの形式を覚えるのも容易ではないので、乱暴な言い方ではあるが、まず大きい文字から読みはじめ、文章の続きを考えつつ、しだいに小さい文字へと拾い読みをして行けばよい。

参考までに散らし書きとは言えないものの、書き出しから行間を広くとり、文章の続きを行間に書き込んだ手紙を90～91頁に掲げておく（写真❺）。写真は折紙を広げたままのうえ、小さくて読みにくいだろうが、92頁のように書いてある。

こうした書状には、例えば「めでたくかしく」「かしく」「様」など、くずし字というよりも合字・略字あるいは記号化したものも少なくないので、それらの一部を掲げておこう（92頁）。

❺ 散らし書きの書状〔禎寿院書状〕

【上段】

なを〱此しな
ま事に〱みすほらしく
候へとも、時せつ伺候
暑中なからとの外
までに御覧ニ入まいらせ候、
きびしきあつさに
御笑味いた丶き候へはうれしく
おはしまし候得共、先々
存しまいらせ候、ことのほか
暑気の御障も少も
暑気もつよく御座候ま丶、
不レ為レ有、おひ〱御日立
御折から御養生さまの処
あそハし候御事うか丶ひ、
いのり上まいらせ候、さそかし
御めて度御悦申上まいらせ候、
御たいくつさまと御たへ申上まいらせ候、
左やうニ候へハ、此方権守事
此間ゟ一寸御便り申上候と
はしかの事御尋越、
存なから、とりまきれ
御叮ねゐさまの御文ニて、
右御無沙た〱御請被成候へ共、
ことに何寄もの
ひとつニもふし上まいらせ候、

【下段】

皆々ゟも
御品送らせられ、誠に〱
何も〱宜しく申上度段、
あり難く存上まいらせ候、本人ゟも
頼申まいらせ候、御供の衆もとふか
何もよろしく御礼申上
引申され候由、夫ハ〱一人て
度よし頼申出まいらせ候、
御こまり〱あそはし候御事と
しゅんとふニおい〱ひ立ち事有、
御噂のミ申上、御きのとくさまニ
是又御心安く思しめし戴度候、
存上候、先はあら〱
また何れもの御たつね
めて度かしく
いた丶き、あり難く候、其余ハ
いまたさたもおわしまさす
候事ニ御さ候、さつ束御礼
申上候筈なから、とりこミ
延引なり候へ共御請事々
申上まいらせ候、
めて度かしく、
禎寿院
御兄様
御申上

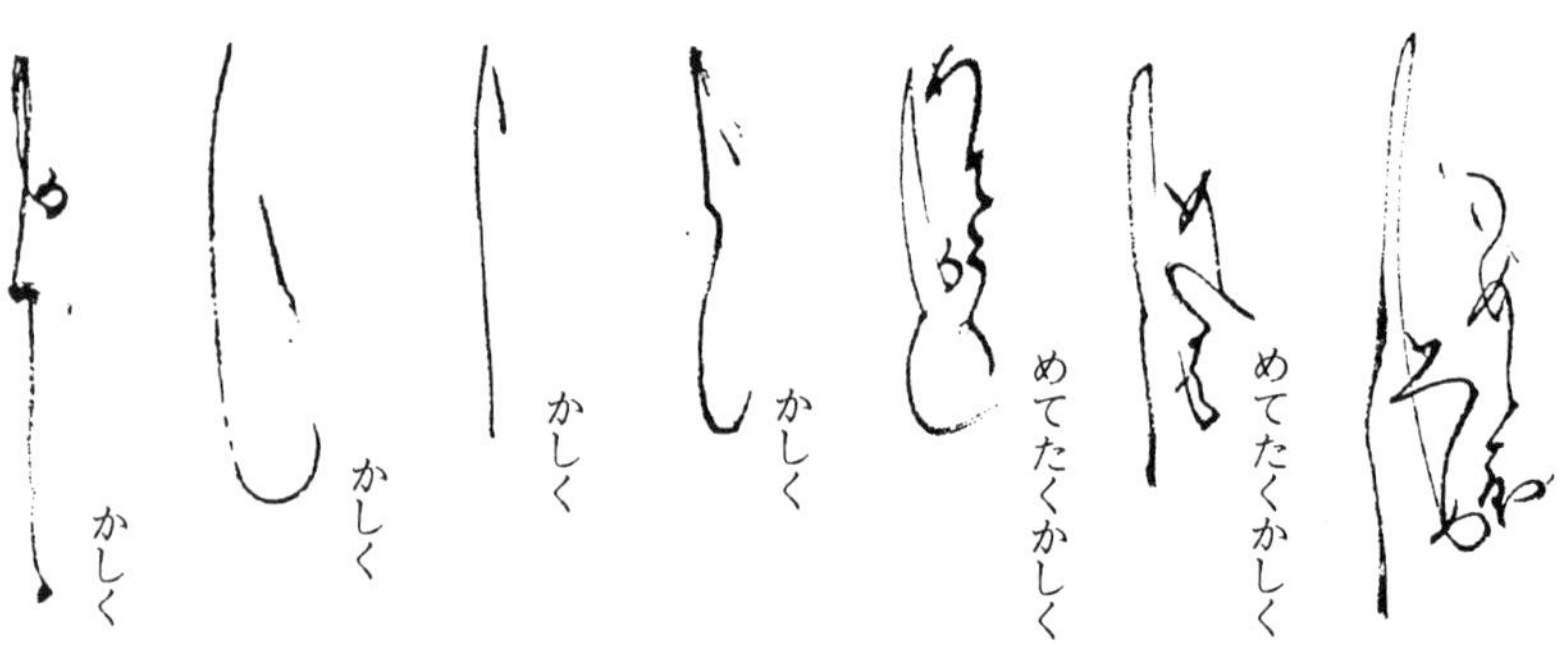

御めて度思しめし
めてたくかしく
めてたくかしく
かしく
かしく
かしく
かしく

第四章●証文類を読む

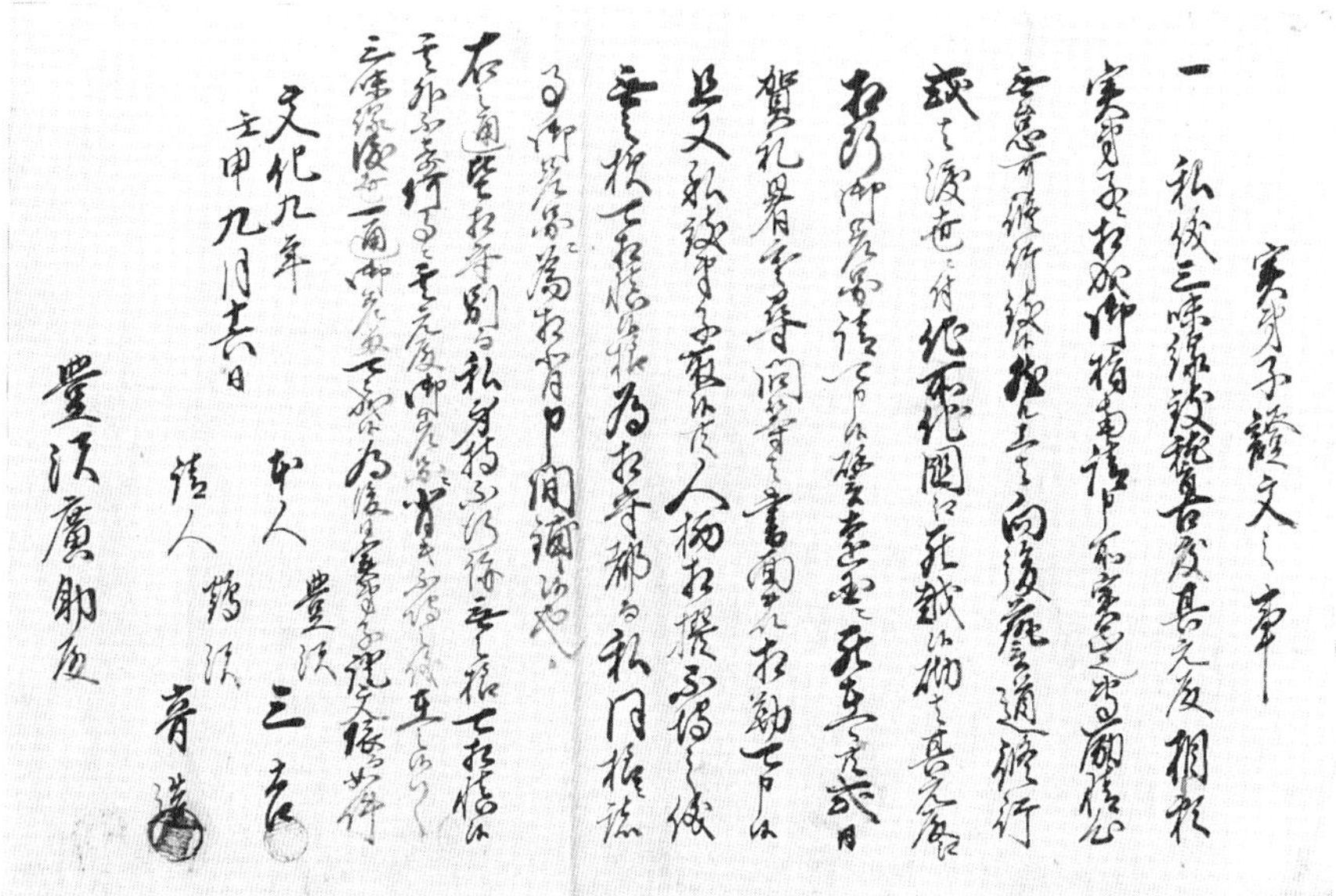
実子證文之事

文化九年
壬申九月廿六日

豊沢廣助殿

実弟子証文（93頁）

実弟子証文之事

一　私儀、三味線致稽古度、其元殿相頼、
実弟子ニ相成、御指南請申所実正也、専励精心
無怠可修行致候、然ル上者向後芸道修行
或者渡世ニ付、他所・他国江罷越候砌者、其元殿江
相断、御差図請可申候、譬遠国ニ罷在候共、式日
賀礼・暑寒尋問等者書面ヲ以相勤可申候、
且又私致弟子取候共、人柄相撰、不埒之儀
無之様可相慎候様為相守、都而私同様ニ諸
事御差図ニ為相背申間鋪候也、
右之通堅相守、別而私身持不行跡無之様可相慎候、
其外不寄何事ニ、其元殿御差図ニ背キ、不埒之儀在之候ハヽ、
三味線渡世一通御差留可被成候、為後日実弟子証文依而如件、

豊沢
本人　三　吉㊞
鶴沢
請人　音　造㊞

文化九年
壬申九月十六日

豊沢廣助殿

中世の置文を読む――後鳥羽上皇御手印置文

これまで書き写したり読んだりしてきたものはすべて近世の文書・記録であるが、一通りのくずし字が読めるようになったら、中世文書を読んでみよう。

96～97頁の写真❶は、水無瀬神宮に伝えられる国宝「御鳥羽院宸翰御手印置文」である。置文というのは自分の意志として、現在および将来にわたって遵守すべきことを書き記したものであり、ほぼ近世以降の遺言状とか遺書などに相当するものである。

後鳥羽天皇は、いわゆる「源平動乱期」の寿永二年（一一八三）、平氏が安徳天皇を奉じ都落ちした直後の同年八月、院政を行なっていた後白河法皇の詔により践祚した。これによって安徳天皇・後鳥羽天皇と、二人の天皇が併立したが、文治元年（一一八五）壇ノ浦の戦いに伴う安徳天皇入水、平氏滅亡を経て、建久元年（一一九〇）に元服。同三年、後白河法皇の崩御により天皇親政に復したが、同九年正月、為仁親王（土御門天皇）に譲位して院政を開始し、以後、土御門・順徳・仲恭天皇の三代にわたり院政を行なった。

この間、源頼朝は鎌倉に幕府を開き征夷大将軍に就任したが、頼朝の没後、執権として将軍を後見し実権を握った北条氏を中心とする勢力は、公（朝廷）武（幕府）関係の融和につとめた三代将軍源実朝の没後、後鳥羽上皇と対立し、かねて朝権の回復を考えていた上皇は、幕府を滅ぼす決意を固めた。

承久三年（一二二一）五月十四日、上皇は鳥羽城南寺に流鏑馬汰と称して京畿諸寺の僧兵をはじめ、東は美濃から西は但馬に至る国々から二万数千の兵を集めたが、これに対する幕府軍は一九万余。上皇方はたちまち敗北し、上皇は隠岐島の苅田御所へ配流され、一八年目の延応元年（一二三九）二月二十二日に世を去った。この置文は、その一三日前に書き残されたものである。

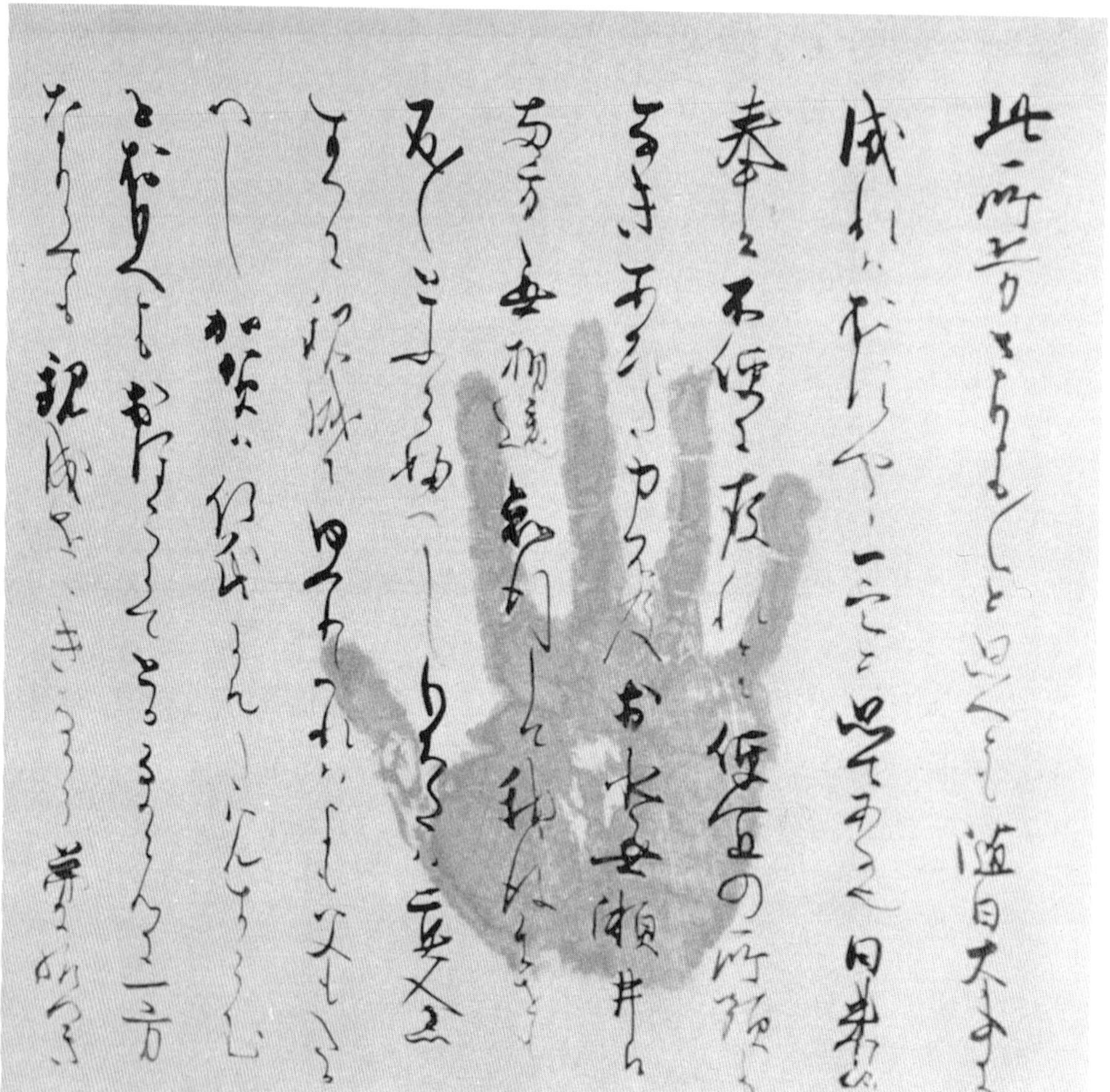

❶　中世の置文〔後鳥羽上皇御手印置文〕

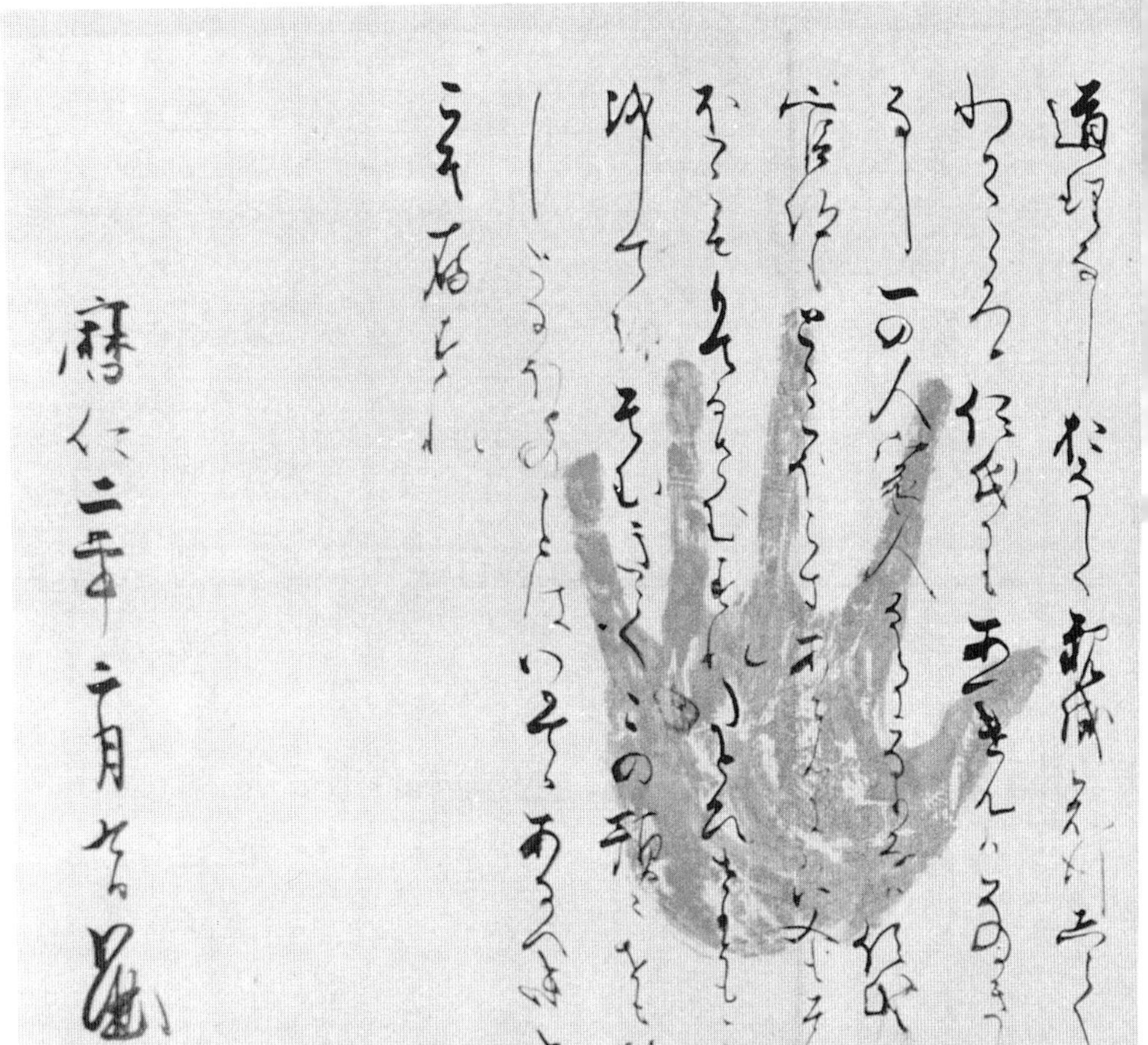

なお、この置文の年月日は右のように暦仁二年二月九日となっているが、その二日前の二月七日には延応元年と改元されていた。京の都から遠く離れた隠岐島には、まだその情報は届いていなかったのであろう。

仮名だけで書かれた譲状—尼にょしん譲状

右の後鳥羽上皇置文は、自分死後の追善料として摂津水無瀬・井内の両庄を、生母七条院の里方にあたる水無瀬信成に与え、また信成の二子親成・信氏の処分などの希望を述べられたものであるが、実際に信成に「譲り渡した」という証文ではない。これに対して領地・所職をはじめ資財などを子息・子女その他の者に譲与するときに作成する文書は**譲状**（ゆずり）・**充文**（あてぶみ）という。

次頁に掲げた文書もその一例である（写真❷）。仮名文字ばかりで書かれていて、一見したところ読みやすいようであるが変体仮名も多く用いられている。

そこで、とりあえず「変体仮名には自信がある」というYさんに、二〇分間で書き写してもらったところ100頁のようになった。もちろんYさんには、あらかじめ「譲状」であるとは言っ

> 此所労さりとも〳〵と思へとも、随日大事に
> 成れハ、おほやう一定と思てある也、日来の
> 奉公不便に存れとも、便宜の所領も
> なきあひた力不及、於水無瀬・井内
> 両方、無相違知行して、我後生をも
> 返〳〵とふらふ（弔）へし、もちた（持田）ハ真念
> すてニ親成にゆつりたれハ、よも父もたか（違）
> へし、加賀ハ信氏にそた（給）ハんすらむ
> とおも（思）へとも、おほこ（往古）にてとか（咎）なからんに、一方
> なりとても親成を、きなから、弟に給へき
> 道理なし、おなしく親成知行して、
> わかこゝろ（心）ニ信氏にもあつ（預）けんハそのかき（限）り
> なし、一の人家人なとになりなハ、信氏の
> 官位もとゝこ（滞）ほらすあらんにハ、父もそれ
> をこそもてなさ（持成）むすれ、たとひさ（然）りとも、この
> をして（押手）をそむ（背）きて、この領々をもを（押
> 取）しとるほとのことは、いかてかあるへきと
> こそ存すれ、
>
> 暦仁二年二月九日　（花押）

ていない。□□および□のように空白のところは読めなかった文字、、の場所は誤読である。最初の意気ごみとは少々違った結果になったが、弁解は「この文字はひどすぎるし、文意を考える時間も足りない」と。そこで二〇分延長して「片仮名も混じっている」ことや、「漢字を宛てる」ことを考えてもらったところ、一行目の書き出しの部分は判らない。、は片仮名の「二」らしいが、その下の□は読めないというので、変体仮名の「志＝し」で、

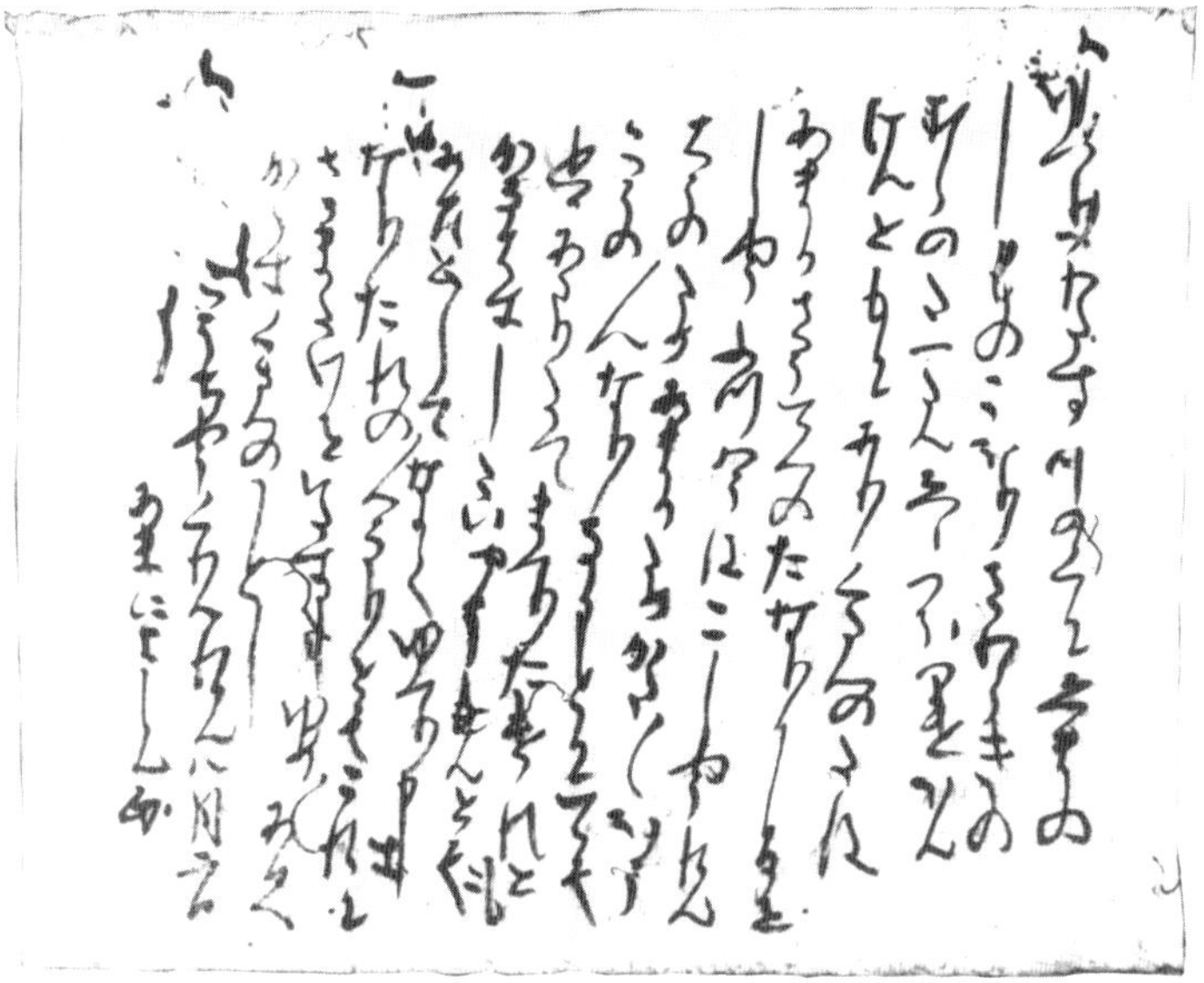

❷　仮名の譲状〔尼にょしん譲状〕

二行目に続けて摂津国の地名であるというヒントを与えると、さっそく地名の辞典を調べ、三行目①はむで一〜三行目を合わせて「つのくニしまのしものこほりさわらきのむら」すなわち「津の国嶋下郡沢良宜村」であることが判った。

　このように仮名ばかりで書かれた文書は、あらかじめ前後の読める文字を書き写しておき、読めない文字は変体仮名なのか？　あるいは漢字に替えた場合にはどうなるのか？　などと考えていくと、たとえ荒々しく書かれたものであっても、案外空白が埋まるとともに、誤写の部分も前後の関係から気づくことが多い。

　三行目⑧—⑨「し、」は「四至（しいし）」、⑪と⑭は変体仮名の**ほ**（本）、四行目⑤⑥の、、は**に**と**あ**、⑬の□も変体仮名の**は**（波）である。

一行目　［　　　　　　］たすつのくて□まの
二行目　しものこほりさわらきの
三行目　□らのた一たんし、つ□つけ□ん
四行目　けんともてなりくたんのた□
五行目　あまりさうてんのたな［　　　　　］
六行目　しやうふつ今後こしやうけん
七行目　はうのためあまりためかた〳〵□□
八行目　こうのんなりな□と□て□
九行目　と丶わたりたてまへりたけれとも
一〇行目　かなは□しこいやう□んとて
一一行目　あたとしてかにくゆ□り申こ
一二行目　なりたれのんなりともこれて
一三行目　さまたけをいたすしゆめ〳〵あるへ
一四行目　からすくさんのことし
一五行目　　こうちやうくわんねん八月二日
一六行目　　　あまによしん□

変体仮名に自信を持っていたYさんには読めないはずはないので、改めてこの文書が田地譲状であると言うと、一行目の書き出しに戻って、「ゆつりわたす」（譲り渡す）以下、多くの□が埋まったほか丶もかなり訂正されたが、五行目以下に移ろう。

五行目の空白はりしかるを、六行目⑤⑥は「今後」という漢字の二字分ではなく、片仮名混じりのハうはと三字分である。七行目⑮⑯の□□はほう、八行目④の丶は漢字の人、⑧⑩⑫は、それぞれに・ニ・も、九行目①②は漢字の近日、③はあ、⑨のへはつの誤り。一〇行目の□はすともで、⑬の・もおなじくも。一一行目の丶は、それぞれひ・く・な・か・す。□はつと読み、一二行目⑥は八行目④と同じ人、⑬はに。一三行目の⑨は仮名ではなくて漢字の事、一四行目⑤はた。一六行目名前下の□は（略押）で、全文は101頁上段のように書いてある。

なお、このままでは読みにくいので、ついでに読点と傍注をつけた読み本を作成すると、101頁下段のようになり文意も判りやすくなる。

一行目　ゆつりわたすつのくにしまの
二行目　しものこほりさわらきの
三行目　むらのた一たんし丶つほつけほん
四行目　けんとも二ありくたんのたは
五行目　あまかさうてんのたなりしかるを
六行目　しやうふつハうはこしやうれん
七行目　はうのためあまかためかた〳〵ほう
八行目　こうの人なりなにと二ても
九行目　近日あたりたてまつりたけれとも
一〇行目　かなはすしたいせうもんとも
一一行目　あひくしてなかくゆつり申す
一二行目　なりたれの人なりともこれに
一三行目　さまたけをいたす事ゆめ〳〵あるへ
一四行目　からすくたんのことし
一五行目　こうちやうくわんねん八月二日
一六行目　あまによしん（略押）

一行目　ゆつり（譲）わたす（渡）、つ（津）のくに（国）しま（嶋）の
二行目　しも（下）のこほり（郡）、さわらき（沢良宜）の
三行目　むら（村）のた（田）一たん（段）、し丶つほつけ（四至坪付）ほん（本）
四行目　けん（巻）ともにあり、くたん（件）のた（田）は、
五行目　あまか（尼が）さうてん（相伝）のた（田）なり、しかるを
六行目　しやうふつハうは、こしやう（後生）れん（恋）
七行目　は（慕）うのため、あまか（尼が）ため、かた〳〵ほう
八行目　こうの人なり、なにと二ても、
九行目　近日あたりたてまつり（奉）たけれと（ど）も
一〇行目　かなはす（叶はず）、したいせうもん（次第証文）とも
一一行目　あひく（相具）して、なかく（永）ゆつり（譲）申す
一二行目　なり、たれ（誰）の人なりとも、これに
一三行目　さまたけ（防）をいたす（致）事、ゆめ〳〵あるへ
一四行目　からす、くたん（件）のことし（如）、
一五行目　こうちやう（弘長）くわんねん（元年）八月二日
一六行目　あま（尼）によしん（略押）

売券・証文に慣れる

ここで三点の文書を読んで頂きたい。103頁の写真❸は中世の変体仮名が混った「はせのさたつね売券」である。104頁の写真❹「僧慶重畠地売券」は、建長三年（一二五一）に、僧慶重が自分の所領である畠一段の売買を認可され、買主の僧長尊に宛てた新立券文（けんもん）である。二行目にやや小さな文字で書かれている「直銭」は「じきせん」とも「あたいのぜに」とも呼んだようであるが、売却する畠一段の代償として支払われる銭である。三点目は105頁の写真❺で、近世の家屋敷売渡証文である。

江戸時代の請状―約定一札

ところで、証文類には置文（遺文・遺言状）・譲状（充文）・売券（沽却状・沽券・売渡状）などのほかに、

▽神仏を引き合いに出して、身に虚偽がないとか、または将来絶対に違反しないとかを誓う**起請文**（きしょうもん）
▽多くの子女に所領を配分するとき、一通の文書に譲与物と人名とを列記する**配分状**
▽所領その他の権利を放棄して人に与えることを記した**去文**（さりぶみ）・**避状**（さり）
▽争っていた双方が和解するときに交換する**和与状**（わよ）
▽芸能・学問などに関する秘伝を伝授するとき、師から門弟に授けるところの**伝授状**（でんじゅ）・**付法状**（ふほう）
▽寺院において祈祷のため読経し、その数量を列記して願主に与えた**巻数**（かんず）
▽借金の保証として物件を入れる**質券**・**質入証文**
▽質または抵当物件を流すときの**質流文**・**流文**
▽相手に受け取ったことを告げる**所納状**・**返抄**・**請取状**（受取状）

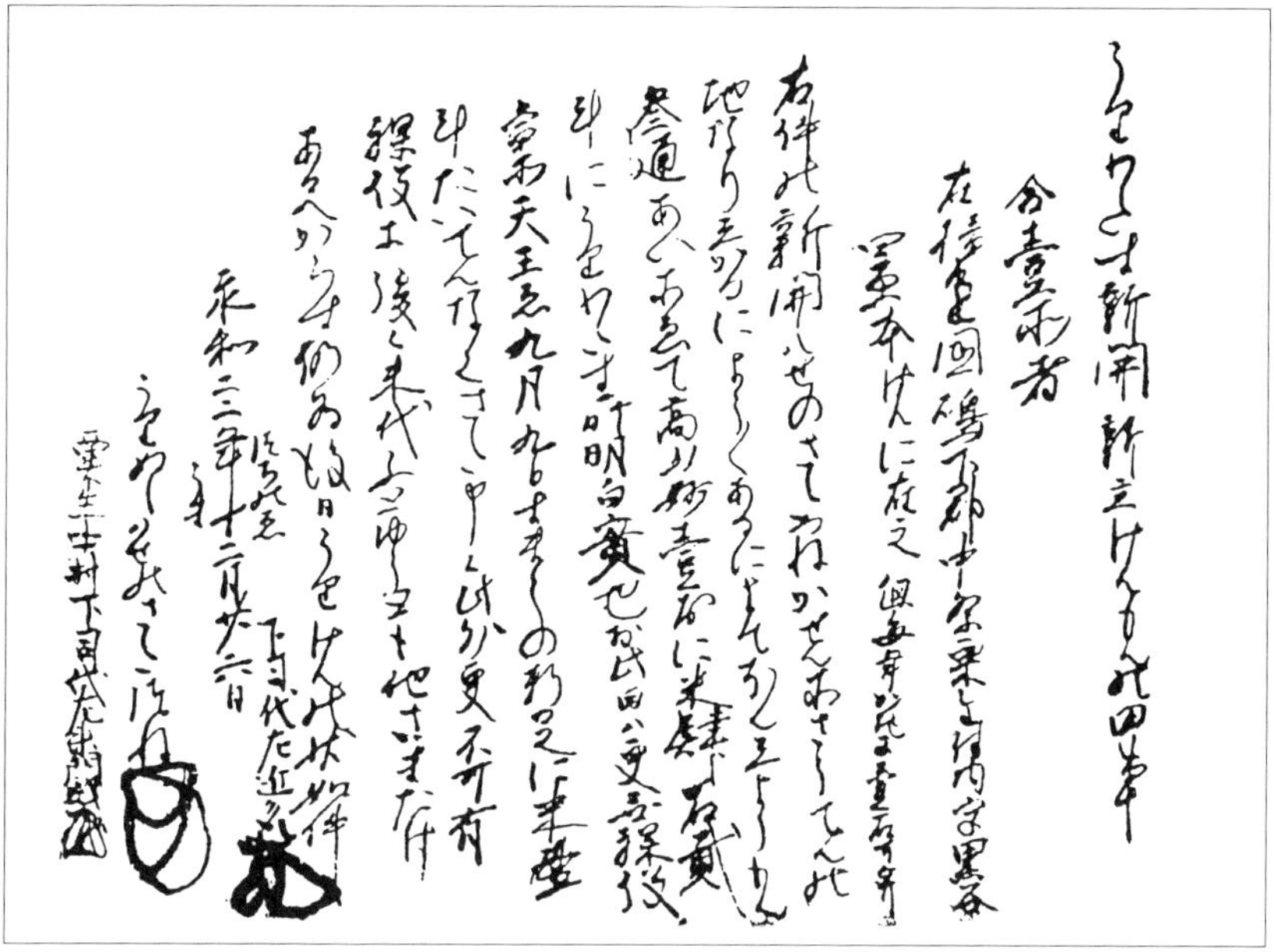

❸　中世の売券〔はせのさたつね田地売券〕

うりわたす(売渡)新開新立けんもん(券文)の田事
合壱所者
在摂津国嶋下郡中条粟生村内字黒谷
四至本けん(券)に在之　　但毎年加地子壱石可弁
右件の新開、ハせのさたつねかせんそさうてん(先祖相伝)の
地なり、しかるにようよう(要用)あるによてほんしようもん(本証文)
参通あいそゑて、高山妙壱房に米肆石弐
斗にうりわたす所明白実也、於此田ハ更無課役、
当所天王ゑ九月九日すまうの料足に米壱
斗、たいてん(退転)なくさた(沙汰)申候、此外更不可有、
課役等後々末代ふとゆうとも、他さまたけ(防)
あるへからす、仍為後日うりけん(売券)の状如件、
下司代左近允（花押）
永和二二(四)年十二月廿六日　つちのゑ　うま
うりぬしハせのさたつね（略押）
粟生中村下司代左衛門尉（花押）

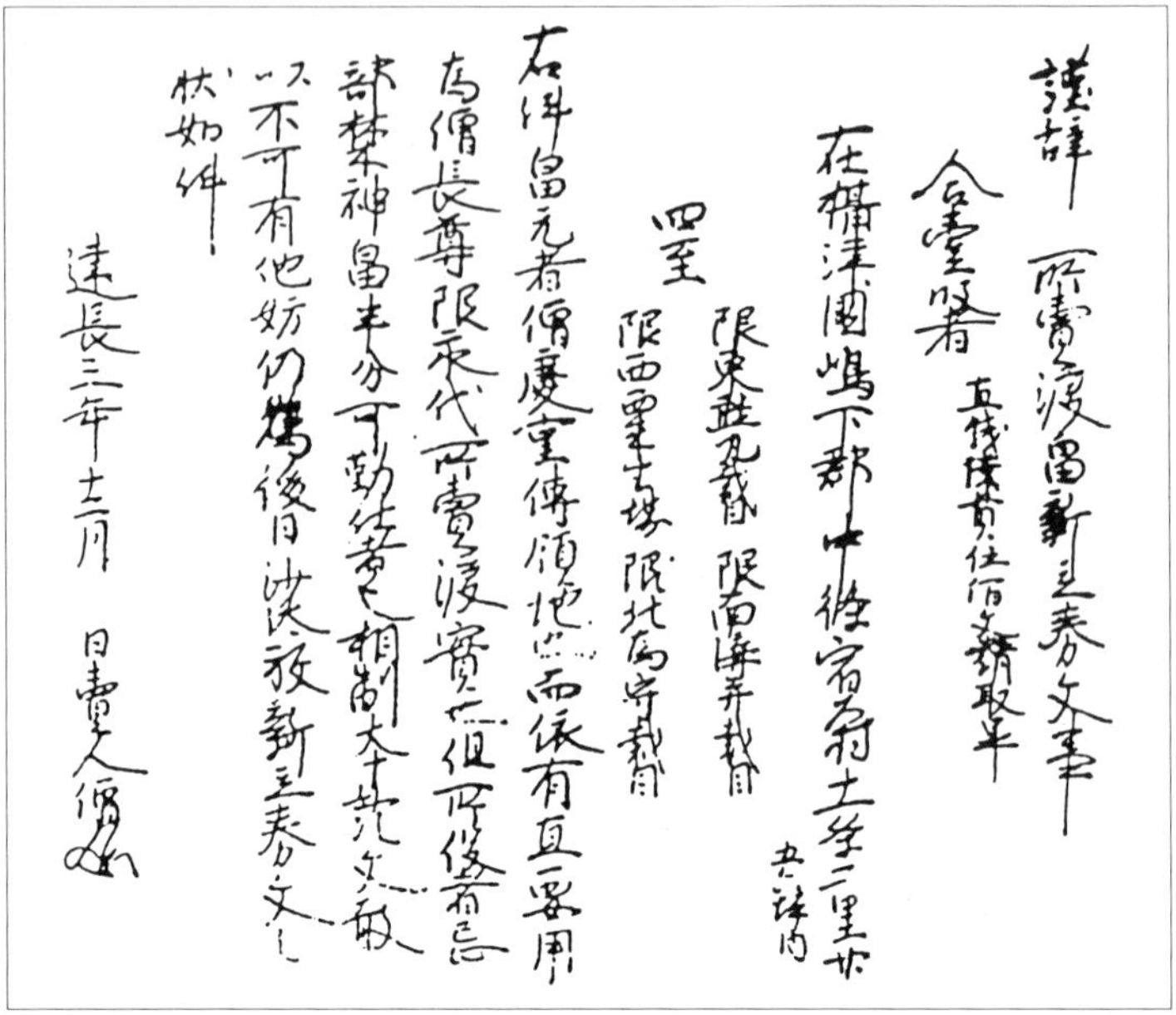

❹　〔僧慶重畠地売券〕

謹辞　所売渡畠新立券文事
合壱段者直銭陸貫伍佰文請取畢
在摂津国嶋下郡中条宿久村十一条二里廿
五、六坪内
四至
限東熊丸裁目　限南溝并裁目
限西栗生堺　限北為守裁目
右件畠、元者僧慶重伝領地也、而依レ有二直要用一、
為二僧長尊一、限二永代一所二売渡一実也、但所役者忌
部森神畠半分、可二勤仕一者也、相二副本証文一、敢
以不レ可レ有二他妨一、仍為二後日沙汰一放二新立券文一之
状如レ件、
建長三年十二月　日　売人僧（花押）

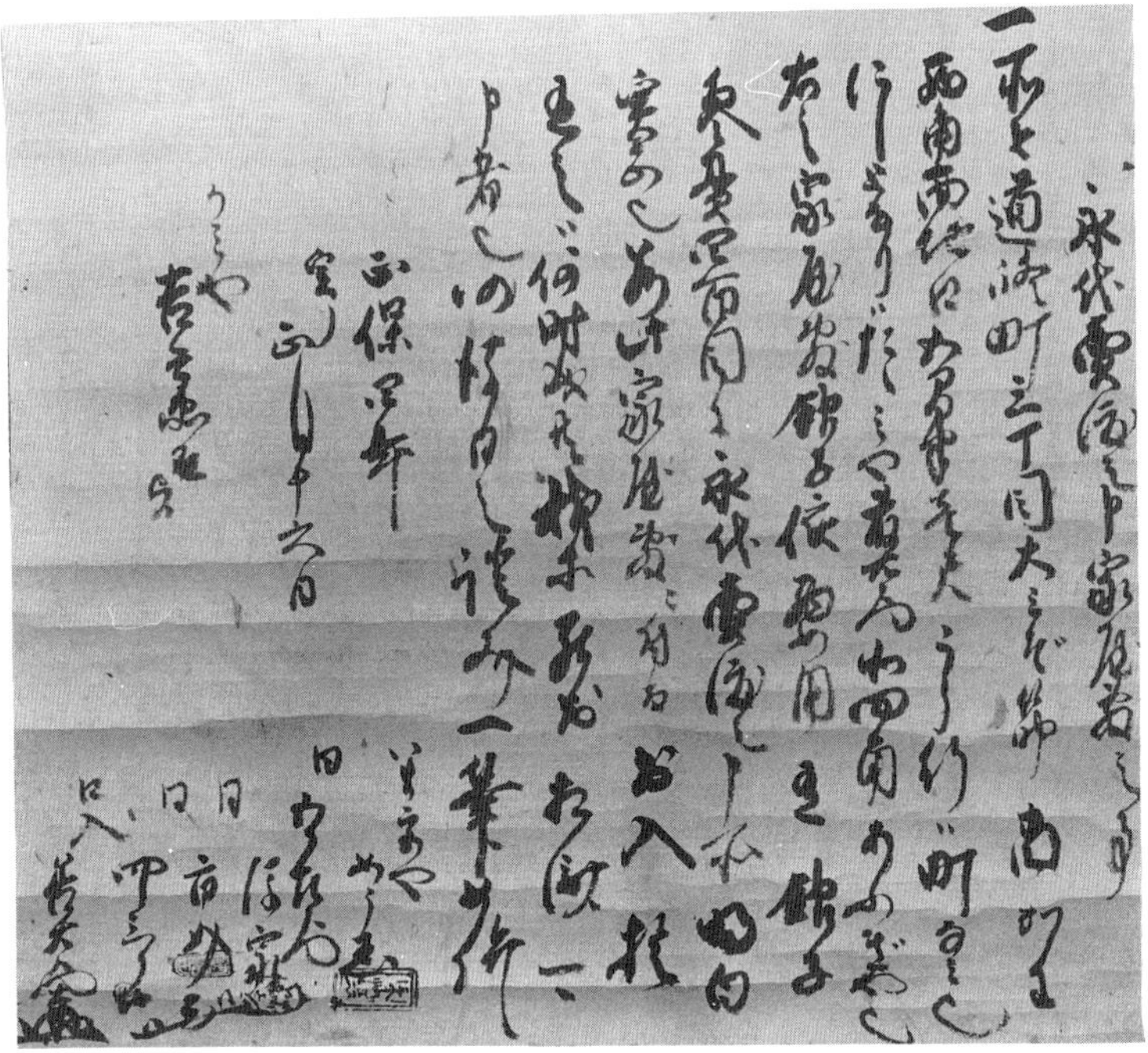

❺　近世の家屋敷売渡証文

永代売渡シ申家屋敷之事
一所は道修町三丁目大ミぞ筋南かわ
西角、面地口五間半壱尺、うら行ハ町なミ也、
にしとなりハた、ミや藤右衛門、北向角あふぎや也、
右之家屋敷、銀子依要用有、銀子
参貫四百目に永代売渡シ申所、明白
実正也、若此家屋敷ニ付而出入於
有之ハ、何時成共我等罷出、相済可
申者也、仍後日之証文一筆、如件、

正保四年　　　いま宮や
寅ノ　　　めうゐ　㊞
正月十六日　　同　五郎左衛門
　　　後　家　㊞（花押）
同　市　介　㊞（花押）
同　四郎三郎　㊞（略印）
口入　善右衛門　（花押）

かミや
吉兵衛殿
旨

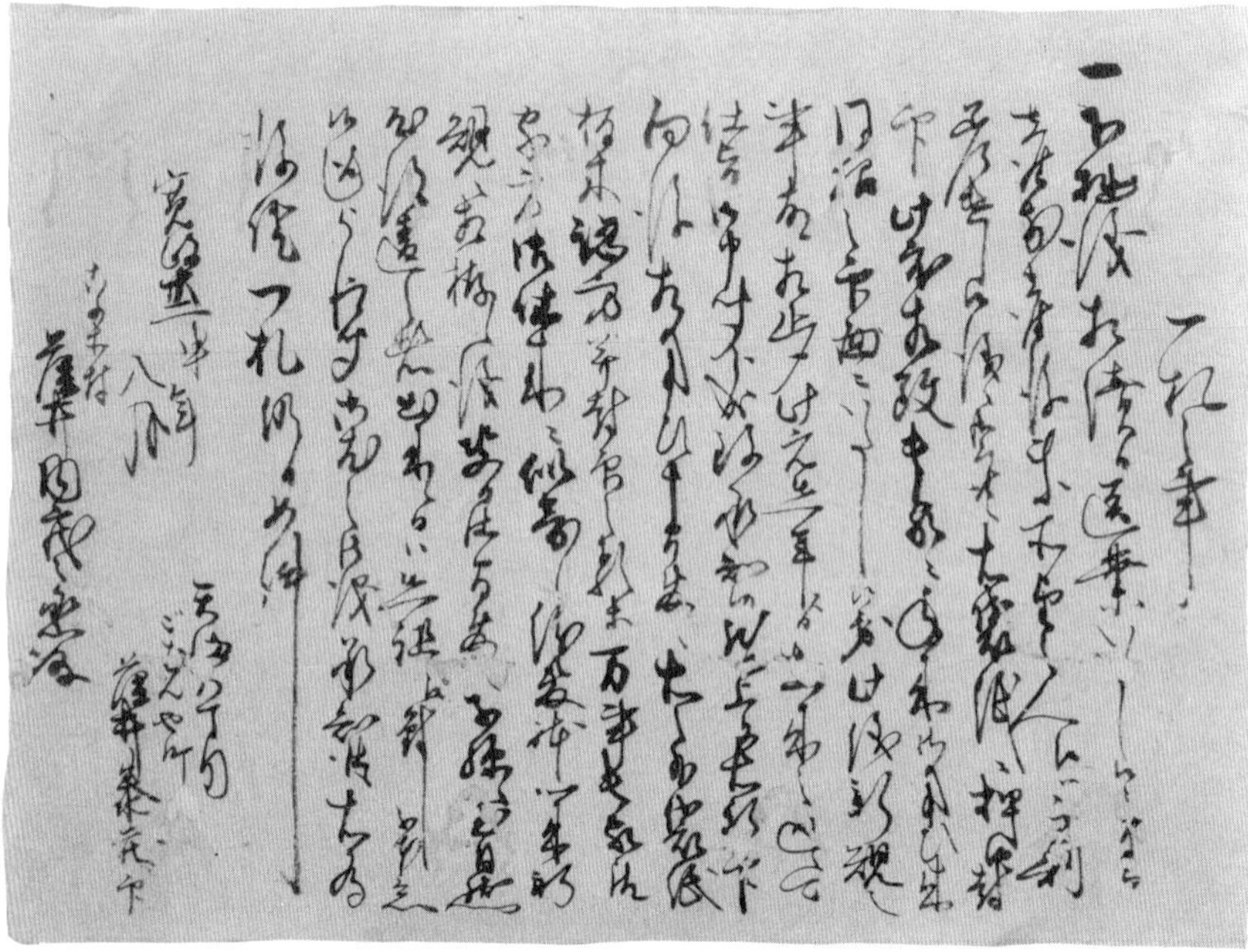

❻ 江戸時代の請状

一札之事

一下拙儀相続候医業いたし候ニ付而、
産前・産後薬、所望之人江ハ主剤
差遣し候儀ニ御座候、右袋紙ニ押印・封
印此度相改、貴家ニ年来御用ひ来
同様之印面ニいたし候處、此儀新規之
事故相止メ、此元先年ゟ在来候通ニ可
仕旨御申聞被成、致承知候、然ル上者、右新印
向後相用ひ申間敷候、右之外、袋紙
板木認方并封印之類等、万事貴家御
家方・御仕来ニ似寄候紛敷躰、以来新
規ニ相拵候儀、決而仕間敷候、子孫へ至、自然
心得違之者出来候而ハ先祖江対し不本意
候趣被仰聞、御尤之御儀、承知仕候、右為
後證一札、仍而如件、

寛政十二年申年
八月
天満八丁目
ごばんや町
藻井泰蔵 ㊞

十八条村
藻井内蔵丞殿

などのほか、**義絶状・離縁状・去状**、大量に残されているものに**借券・借用証文・預け証文**などがある。

約束を実行することを引き受けた**請文**（うけぶみ）・**請状**類もそれらの一つであるが、江戸時代の請状には「一札之事」とか「約定一札」などと書かれているものが多く、106頁の写真❻もその例である。

この文書の宛先である藻井（ものい）内蔵之丞家は、摂津多田源氏と由緒のある名家で、中世文書も襲蔵されているが、江戸時代以後は医業のかたわら「十八条血の道くすり」という家伝の漢方薬を手広く販売する薬種商として名声を博した。それゆえに同類の薬を製造して、あたかも「十八条血の道くすり」であるかのような宣伝を行ない販売する者が後を絶たず、蔵之丞家から大坂町奉行所に提出した訴状控えや、「類薬出入り」に関する文書・記録も多数残されている。写真❻もその一群中の一通で、寛政年間（一七八九―一八〇一）に類薬の製造・販売を咎められた大坂三郷天満八丁目碁盤屋町の同姓泰蔵なる者が、内蔵之丞に宛てた約定一札である。これまでの反復練習で、読めない文字はほとんどないだろうが、新出文字や虫損箇所も少々あるので、参考までに読みを掲げておく。

ついでにあと二通、約定証文を読んでおこう。108頁の写真❼は借銀の返済延期の依頼を兼ねて、期日までに相違なく皆済するという約定一札である。前掲の文書よりも、もっと読みやすいはずであるが、例えば本文三行目を「江戸屋」と読むと次の「鋪」が続かなくなるような場合があるので、文章の続き具合を確かめる必要がある。

109頁の写真❽には、最初に「約定」とは書かれていないが、もともと証文は後日の証拠となるものであるから、希望や約束などは当然記されている。なお、文中・をつけた戌は戍の誤字であり、**巳・己・已**などの場合と同様に、似たような文字で誤記している文書も少なくない。これらは次のように覚えておく。

○チョン（丶）**戍**、一の字引けば**戌**（いぬ）となり、何も書かぬは、**戊**（ぼ）の字つちのえ。

○**已**（すで）半ば、**己**は下に付にけり、**巳**（み）は皆付きて、**已**（い）・**己**（き）・**巳**（し）とぞ読む。

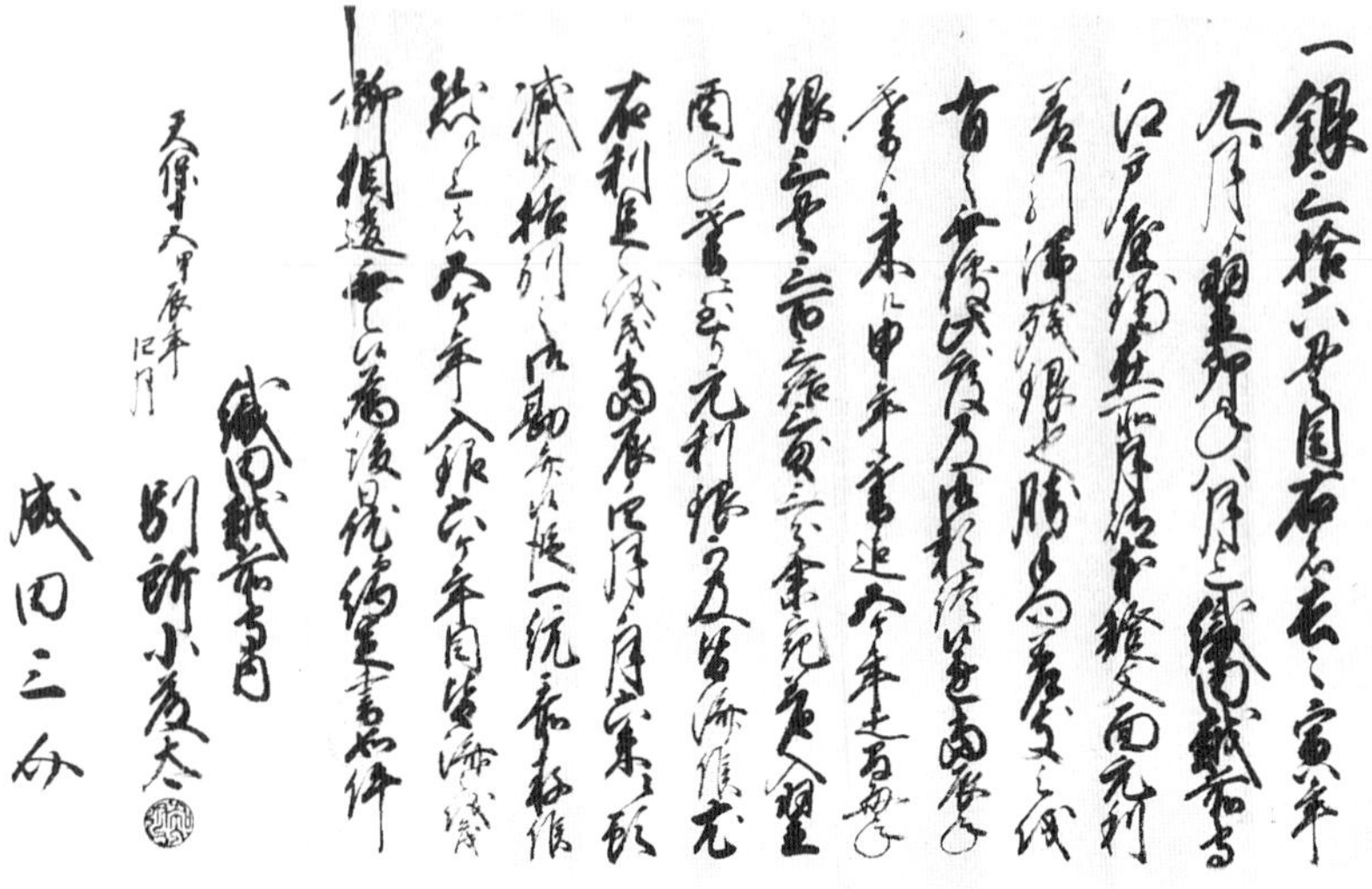

❼ 約定証文

差入申約定一札之事

一銀三拾六貫目、右者去々寅年
九月ゟ翌卯年八月迄、織田越前守
江戸屋鋪在所月賄、本證文面元利
差引滞残銀也、勝手向差支之儀
有之、無據此度及御頼談候通、當辰年
暮ゟ来ル申年暮迄五ケ年之間、毎年
銀三貫三百三拾三匁三分余宛差入、翌
酉年暮ニ至り、元利銀可及皆済候、尤
右利足之儀茂、當辰ノ四月ゟ月六朱ニ預
減少、格別之御勘弁候段、一統忝存候、
然ル上者五ケ年入銀、六ケ年目皆済之儀茂
聊相違無之候、為後日依而約定書如件、

天保十五甲辰年
四月

織田越前守内
別所小藤太㊞
成田三介

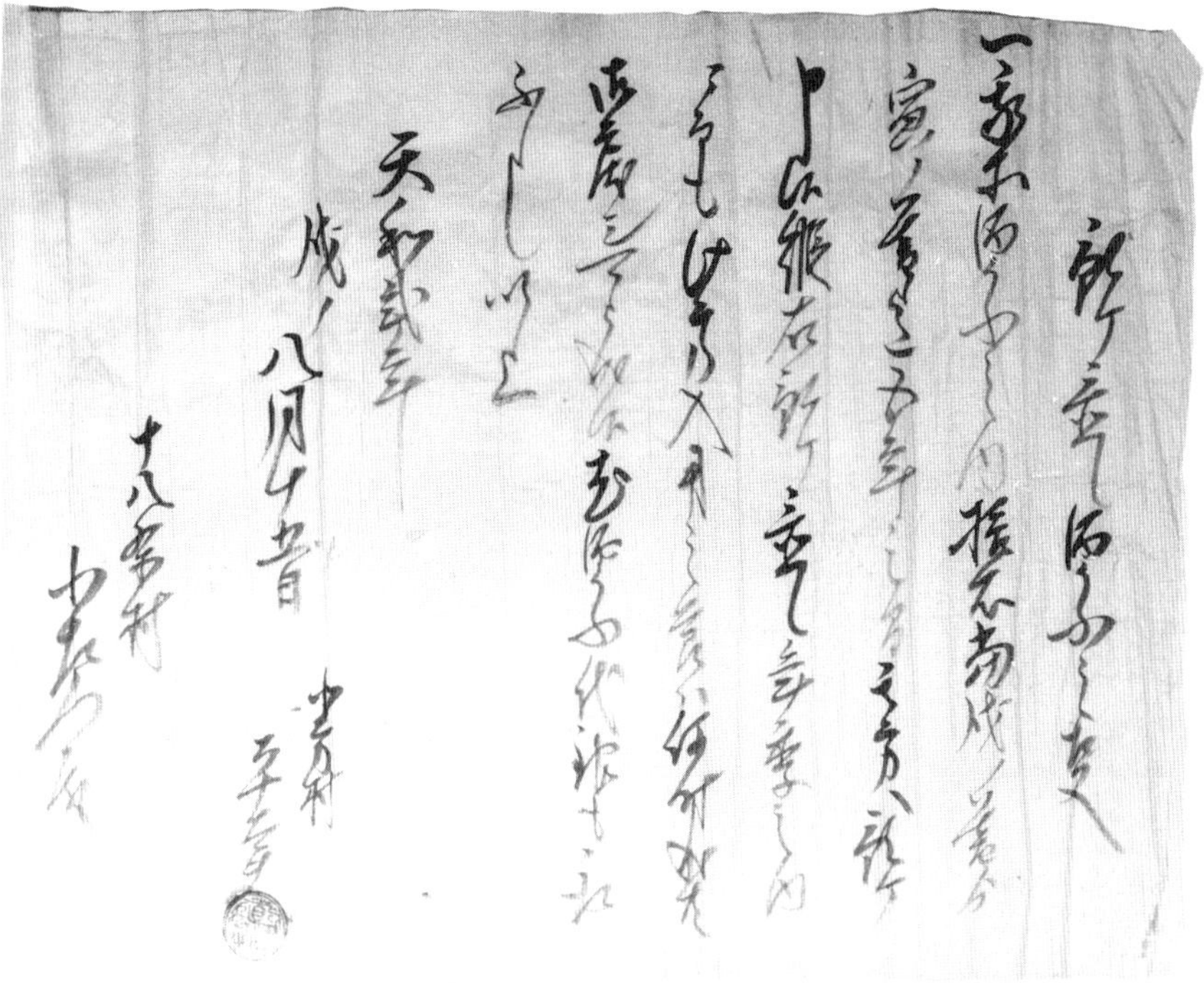

❽ 約定証文

預け置候酒かふ（株）之叓（事）

一我等酒かふ之内拾石、当戌（戊）ノ暮ゟ
寅ノ暮迄五年之間、其方へ預ケ
申候、縦右預ケ置候年季之内
ニ而も、此方入用之節ハ何時成共
御戻シ可被成候、尤酒かふ代銀も取
不申候、以上、

天和弐年
戌（戊）ノ
八月十五日
北方村
平太夫㊞

十八条村
小左衛門殿

起請文を読む

前述のように一口に証文といっても、種々のものがあるが、それらの全てを紹介する余裕がないので、最後に起請文を見ることにしよう（110～111頁、写真❾）。

起請文は平安時代末から行なわれ、用紙の一部には、牛王紙（ごおう）と称して牛王宝印を押した悪魔除けの札の裏を用いることが多い。

牛王（午王）とは、異説もあるが、漢方薬の牛黄（牛の肝や胆に生ずる一種の結石）を印肉として捺した宝珠形が牛王宝印で、魔除札として用いられた。各地の寺社で発行されていたが、中でも熊野牛王が有名で、熊野信仰が普及するにつれて、御師（道者）の手で全国的に普及した。

鎌倉時代中期ごろまでは毛筆で牛王宝印を書いていたが、需要の拡大にともない手書きの文字に代えて、114頁上の写真のように烏の群がった図案を木版で印刷し、宝印を手捺しするようになった（写真❿）が、下の写真のように、他の寺社では江戸時代になっても手書きのものもあった（写真⓫）。

牛王宝印には、治病や起請について種々の俗信も生まれるようになった。たとえば近松門左衛門の名作『心中天の

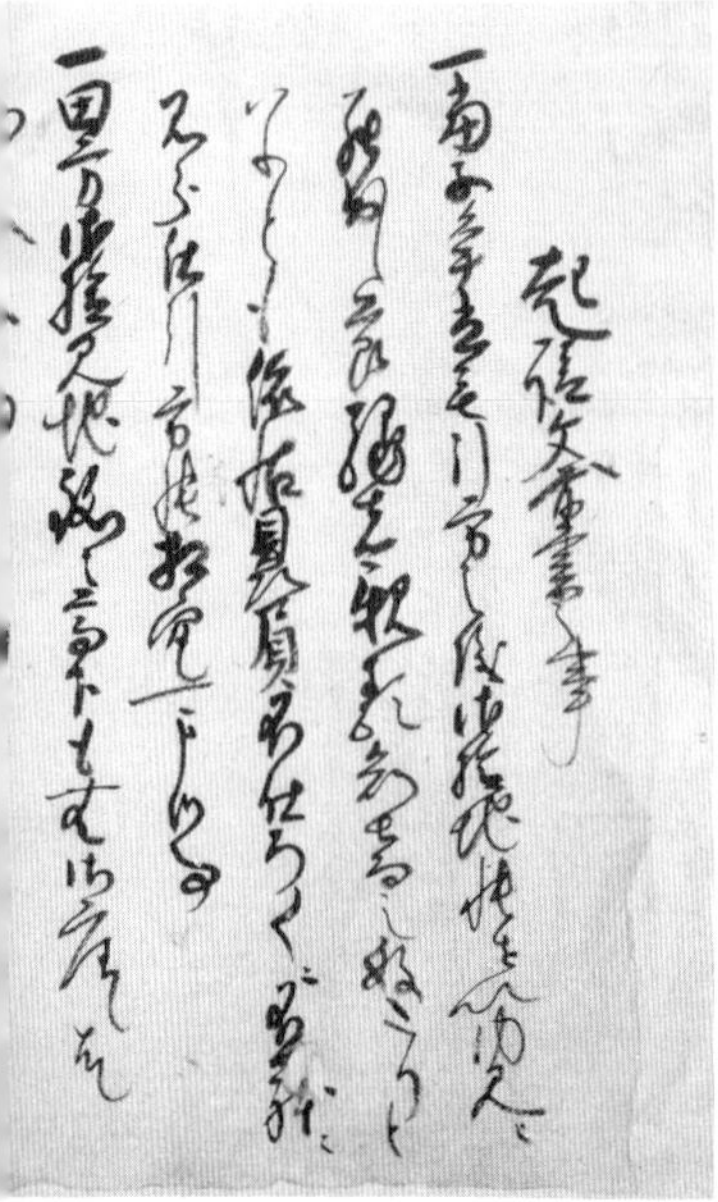

起請文前書之事

一当子年立毛引方之儀、御検地帳を以内見ニ罷出候節、縁者・親類・知音之好たりといふとも依怙贔屓不仕、ろくニ有躰ニ見分仕、引方帳相宛可申候事、

一田方御検見地、銘々高下も無御座候は、、故今迄、銘々高割ニ仕候事、

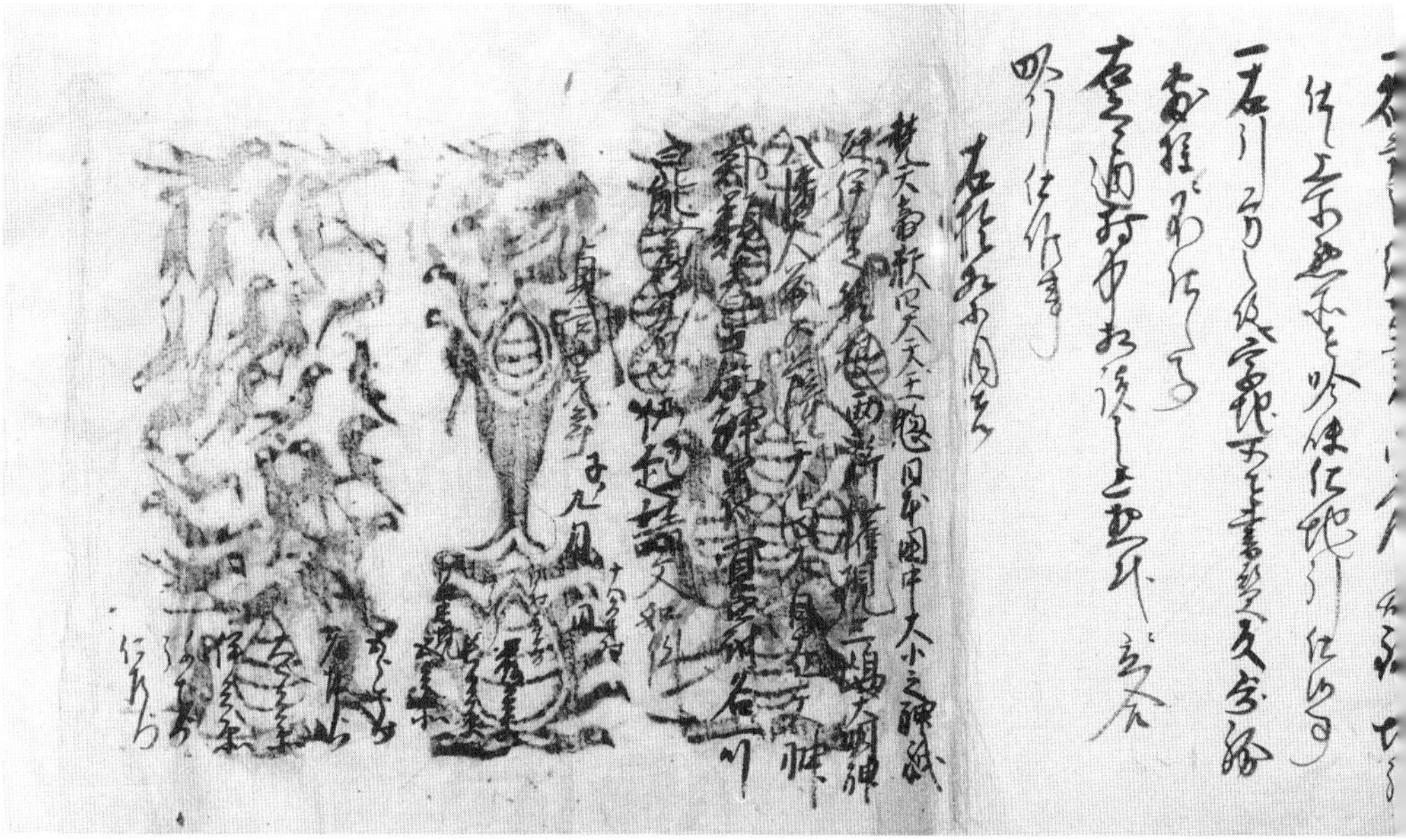

❾　起請文〔起請文前書之事〕

一畑方之儀者高下御座候故、鍬入地引ニ
仕候、上所・悪所を吟味仕、地引仕候事、
一右引方之儀、字地所を書替へ、反歩紛
敷様ニ不仕候事、
右之通、村中相談申候上、惣代ニ立合
畝引仕候事、
右於相背者

（以下、牛王紙裏面）
梵天・帝釈・四大天王、惣日本国中大小之神祇、
殊伊豆・箱根両所権現、三嶋大明神
八幡大菩薩、天満大自在天神、
部類眷属神罰冥罰、各可
罷蒙者也、仍起請文如件、
子ノ
貞享元年　九月八日
十八条村
小左衛門
村年寄
藤兵衛
同断
長兵衛
同村□□
五兵衛
五郎右衛門
藤左衛門
太兵衛
伊兵衛
弥右衛門
仁左衛門

⑩ 烏の群がった牛王紙

⑪ 手書きの牛王紙

網島』の一節中にも、紙屋治兵衛が小春との心中を決意したとき、小春に向かって、

…なうあれを聞きやふたりを冥土へ迎ひの烏、牛王の裏に誓紙一枚書くたびに、熊野の烏がお山に三羽づゝ、死ぬると、昔より言ひ伝へしが、我とそなたが新玉の、年のはじめに起請の書初め、月のはじめ月がしら書きし誓紙の数々、そのたびごとに三羽づゝ、殺せし烏はいくばくぞや（名残の橋づくし）

と語ったように書いているのは、よく知られているところである。

起請文の誓約事項（内容）は、「起請文前書」として普通の用紙に書くことが多いが、梵天・帝釈・四大天王以下、信仰する愛宕・白山権現、春日大明神、あるいは自らの氏神など、多くの神仏の名を出して、違背しない旨を記す神文の部分は、牛王紙の裏面に書くのが一般的である。

第五章●記録類で反復練習を

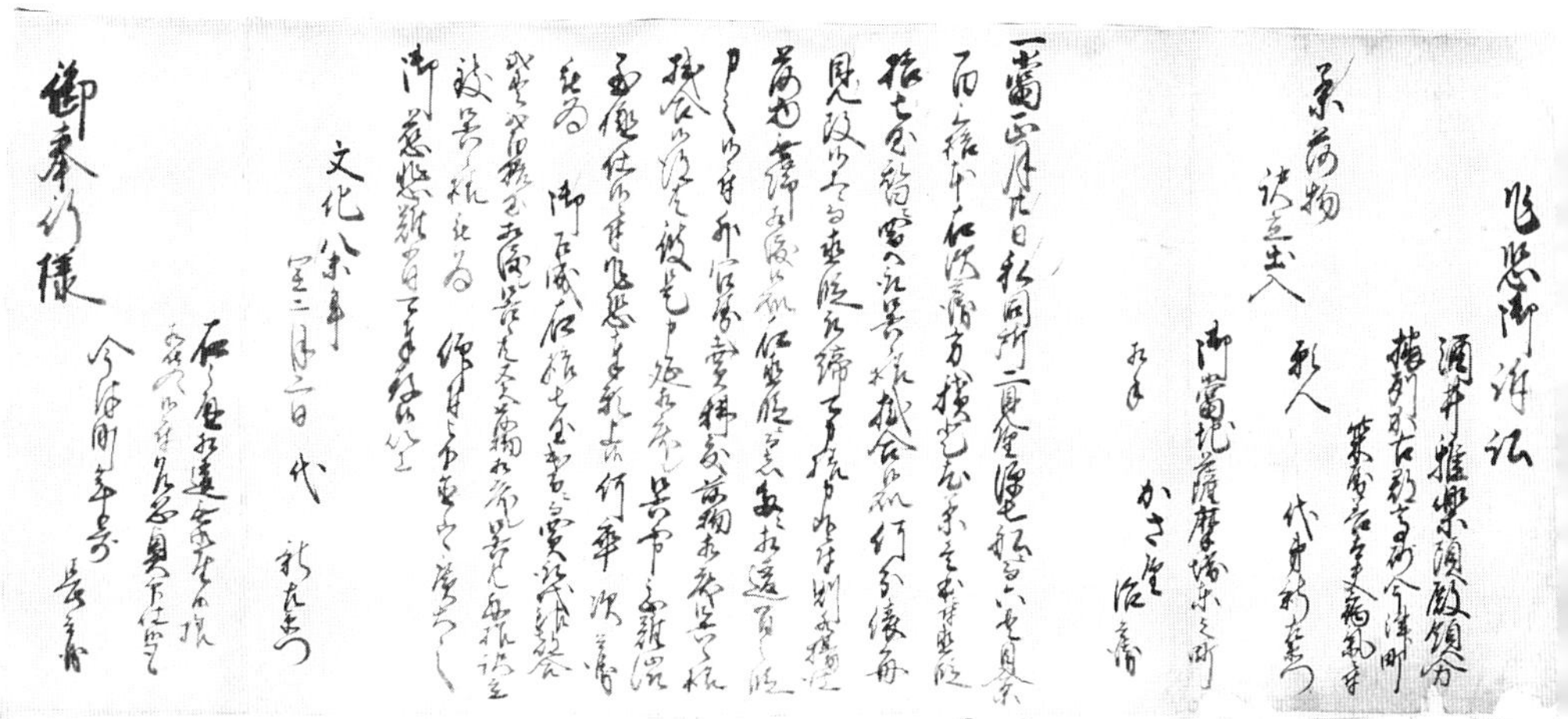

茶荷物出入り訴状（113頁）

乍恐御訴訟

酒井雅楽頭殿領分
播州加古郡高砂今津町
柴屋善太夫病気ニ付
願人　代弟新左衛門

御当地薩摩堺東之町
相手　かさ屋
治兵衛

茶荷物
訳立出入

一当正月廿日、私同所ニ見屋源七船ニ而六貫目入茶
百三拾本、右次兵衛方へ積登、尤茶壱本ニ付直段
拾七匁替　買取呉候様掛合候処、何分俵毎
見改候上ニ而直段取締可申様申候ニ付、則水揚仕、
荷物無滞相渡候処、右直段ニ而者多ニ相違有之段
申之候ニ付、外問屋へ売払度、荷持相戻呉候様
掛合候得共、彼是申述相戻シ呉不申、甚難渋
至極仕候ニ付、乍恐奉願上候、何卒次兵衛
被為　御召成、右様七匁替ニ而買取、代銀都合
弐貫弐百拾匁相渡シ呉候共、又者荷物相戻シ呉候共、両様訳立
致呉候様被為　仰付被下置候ハヽ、広大之
御慈悲難有可奉存候、以上、

文化八未年
閏二月二日　代　新左衛門

右之通相違無御座候様
相聞候ニ付、乍恐奥印仕候、以上、
今津町年寄　長兵衛

御奉行様

同じくずし方や用例に慣れる―熊野三山貸付金

古文書や板本によって、漢字や仮名を読み写してきたが、古文書の文字に慣れるためには、記録類を読み写すのも一方法である。記録類の中には永年にわたって複数の人々が書き継いだものもあるが、同一人が記録したものは、文字のくずし方や文章中の用例も同様なものが繰り返して出てくることも少なくないので、それらを辛抱強く読み写していくと、いわゆる**反復練習**により、たとえば「笇」は「算」、「刕」は「州」であって、「㕝」は「事」、「ゟ」は「より」、「ヿ」は「こと」などと、抵抗もなく読んでしまうようになるからである。

116～122頁に掲げる記録（写真❶）は、表紙に左記のように書かれており、前章で触れた「熊野牛王紙」の発行所である熊野三山貸付金に関する書類綴りの一部である。

安政五年
午四月始
十津川郷
江戸三山ゟ
大坂三山江御ふり出シ尚又同所ゟ
南都御用所え御ふり出し候付
差上候書付控
丸田藤左衛門

紀伊の熊野には、古くから熊野坐(くまのにます)神社（本宮）・熊野速玉神社（新宮）・熊野夫須美(ふすみ)神社（那智社）の三社があり、熊野三山とも熊野三所権現とも呼ばれ、山岳信仰者の修行の霊場として知られたが、平安時代から仏教的色彩を加え、華厳経による補陀落(ふだらく)すなわち観世音菩薩の浄土こそこの地であるとして、宇多法皇・花山法皇・白川法皇・後鳥羽上皇や、貴族をはじめとして庶民大衆にいたるまで、貴賤・男女の区別なく参詣・参籠する風習が流行した。熊野街道には難行・苦行に耐えながら霊験を得ようとする人々の行列が連なった。

しかし、江戸時代に入ると他の社寺参詣の繁栄もあって熊野詣は次第に衰退し、参詣者も少なくなり、三社は社殿の修復にも事欠き、神職や参詣者の案内や宿を業とした御師(おし)までも生計に苦しむようになった。そうしたことから紀伊出身の八代将軍徳川吉宗

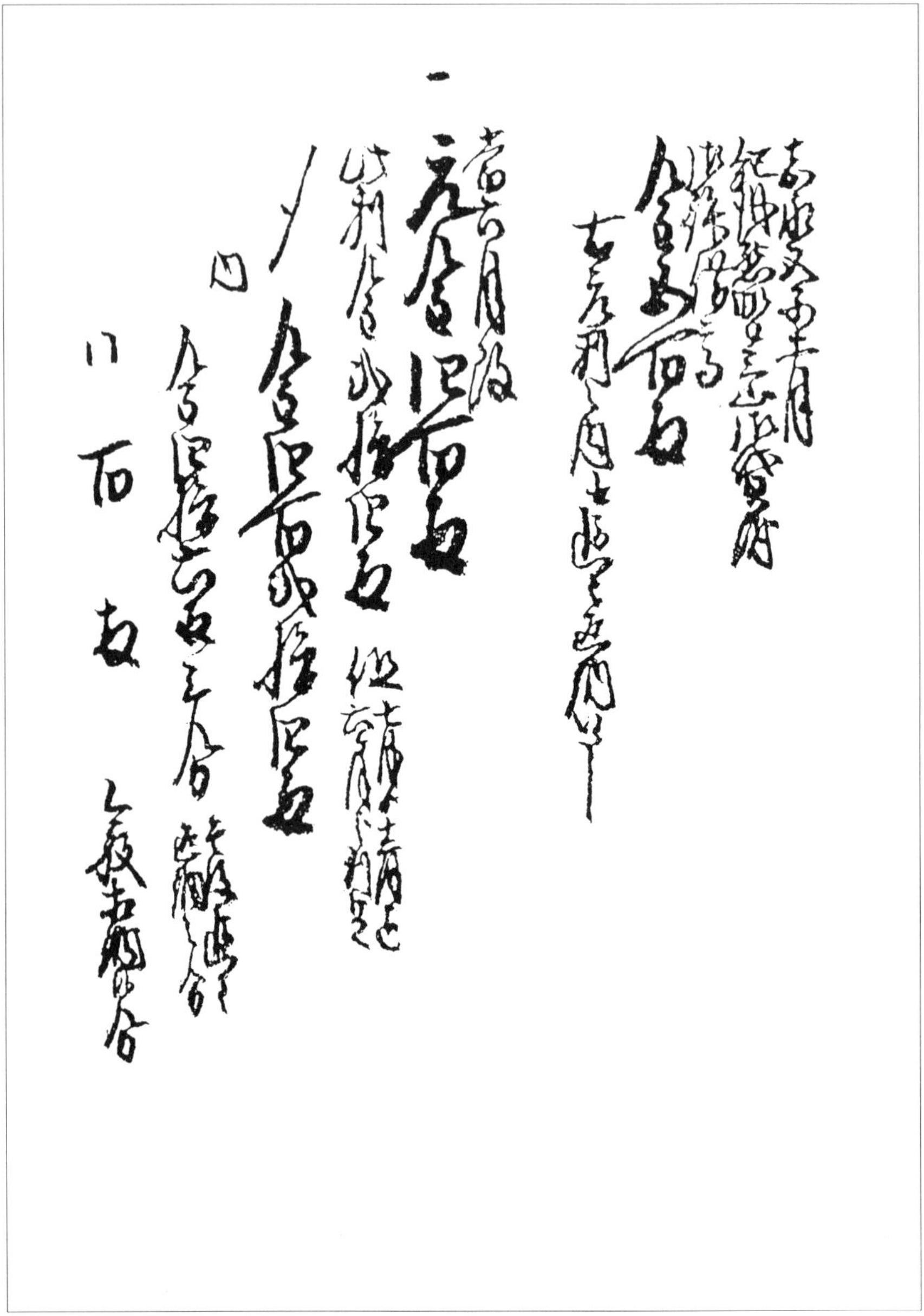

❶ 熊野三山貸付金関係書類

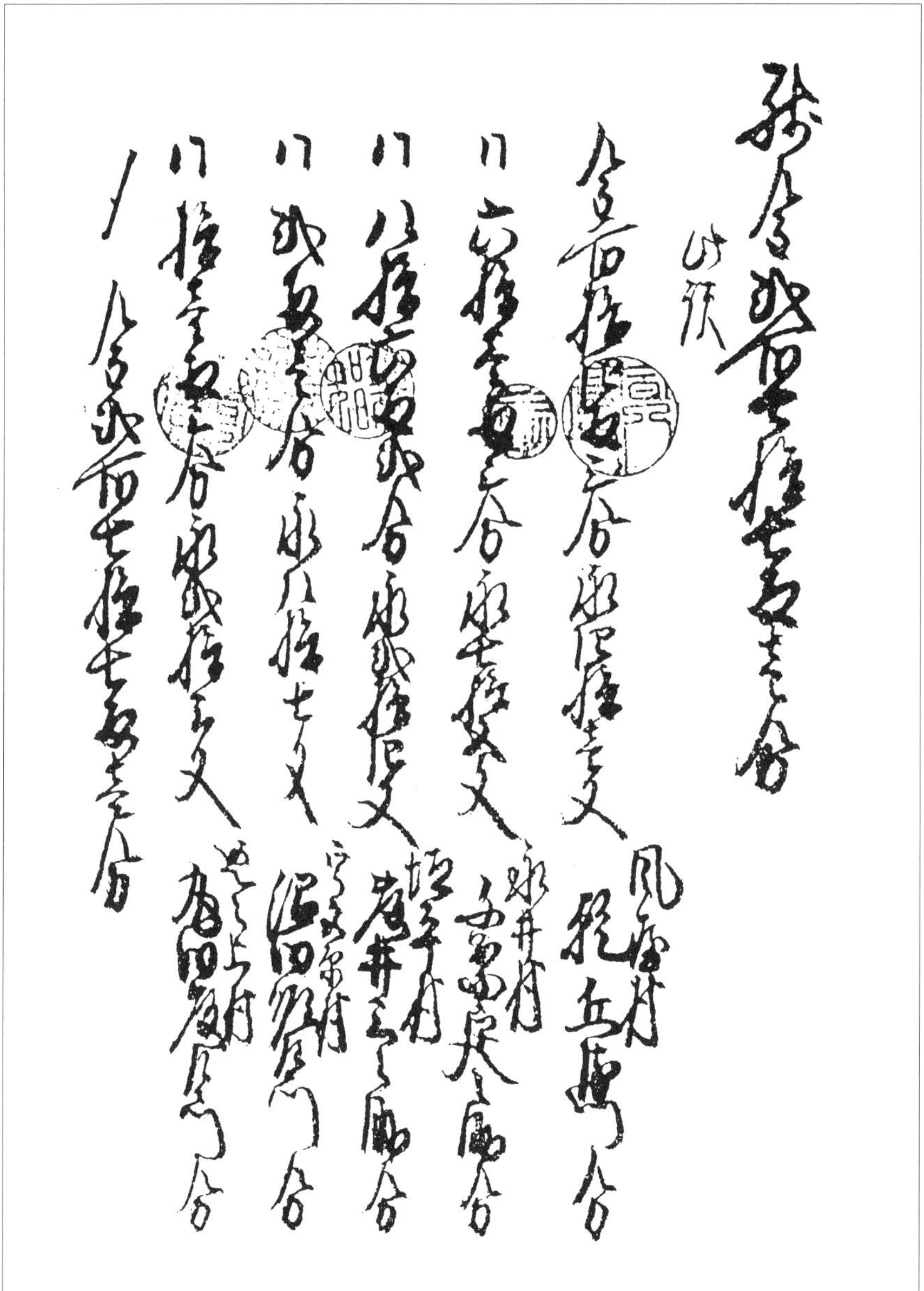

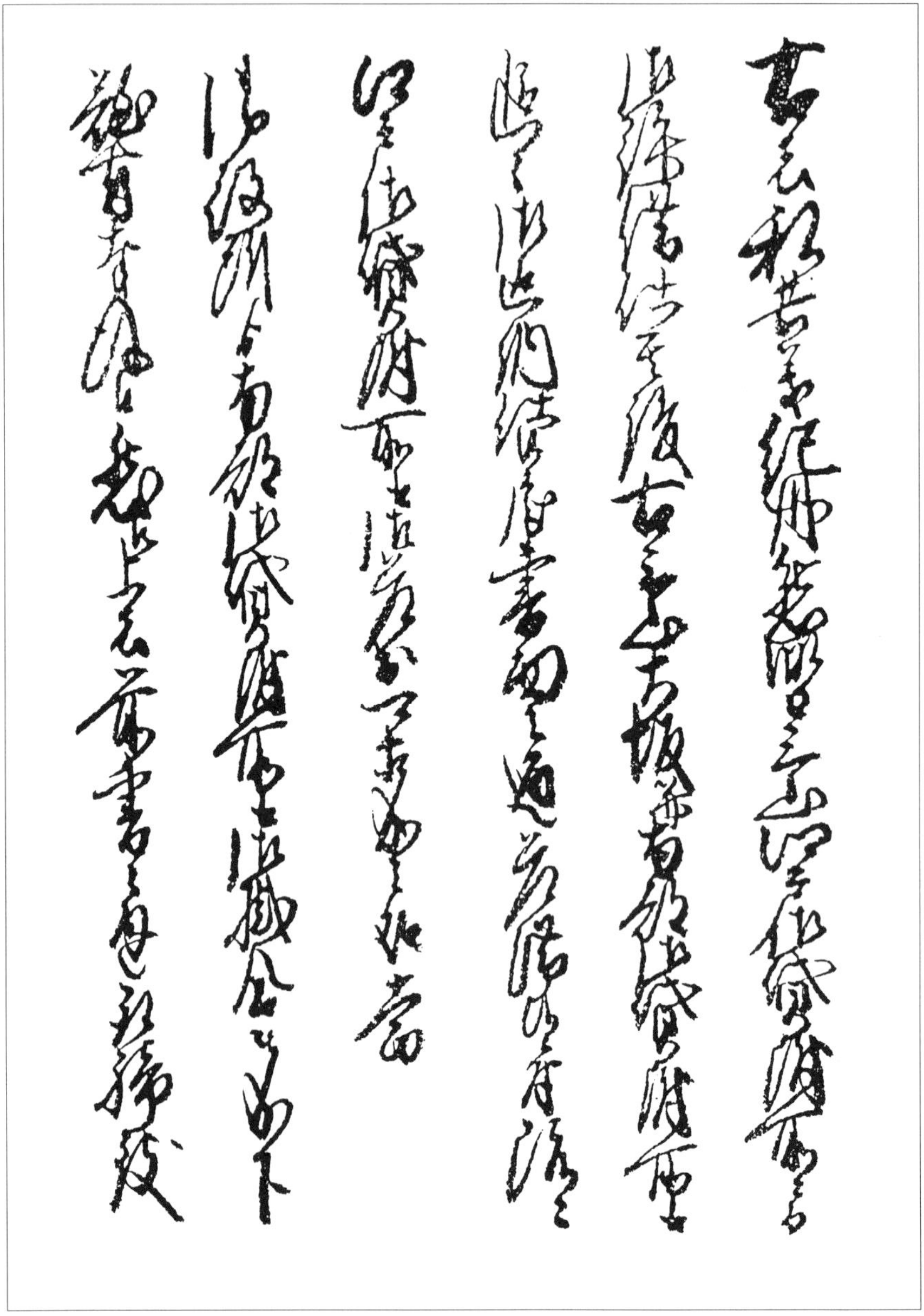

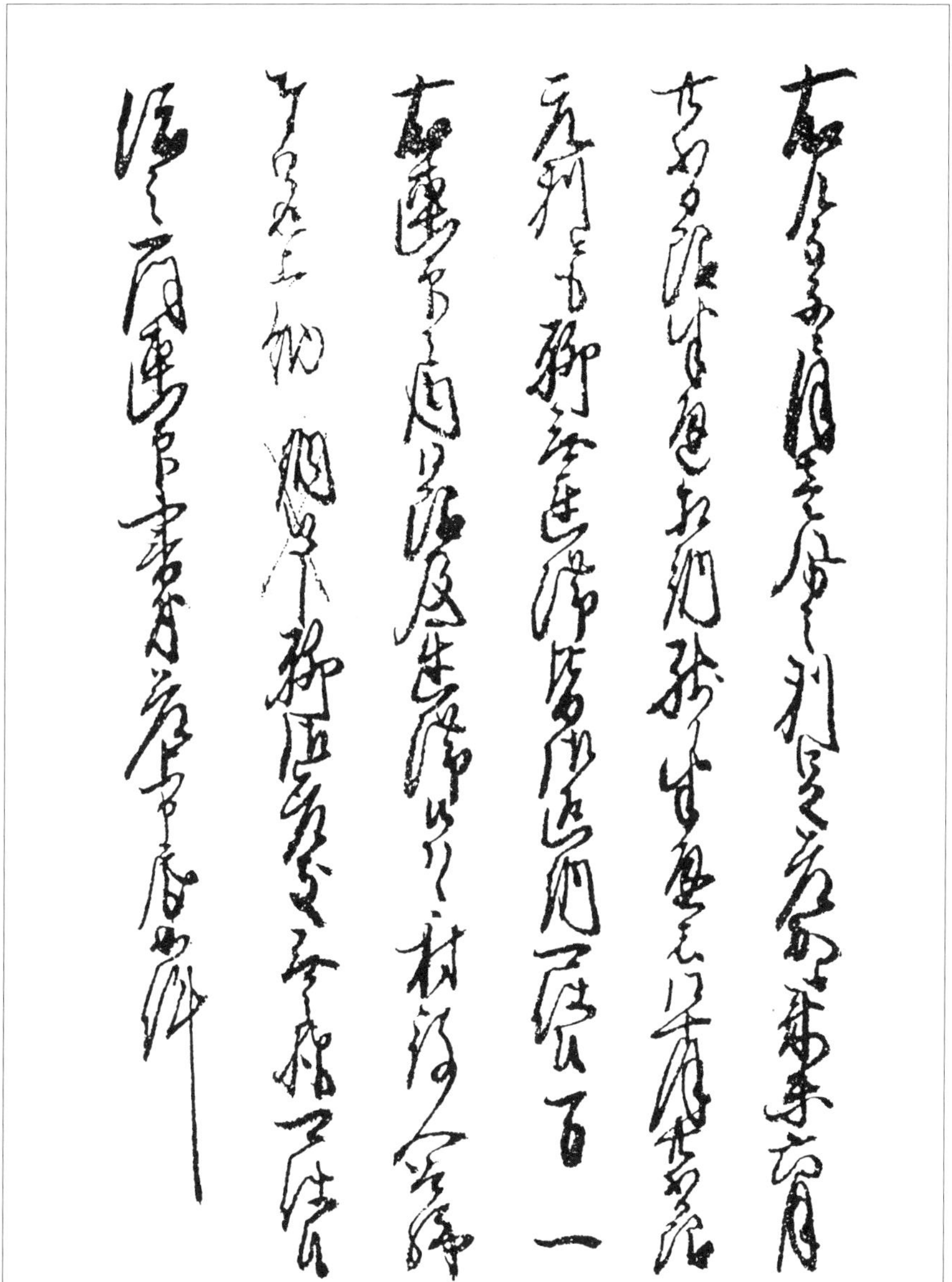

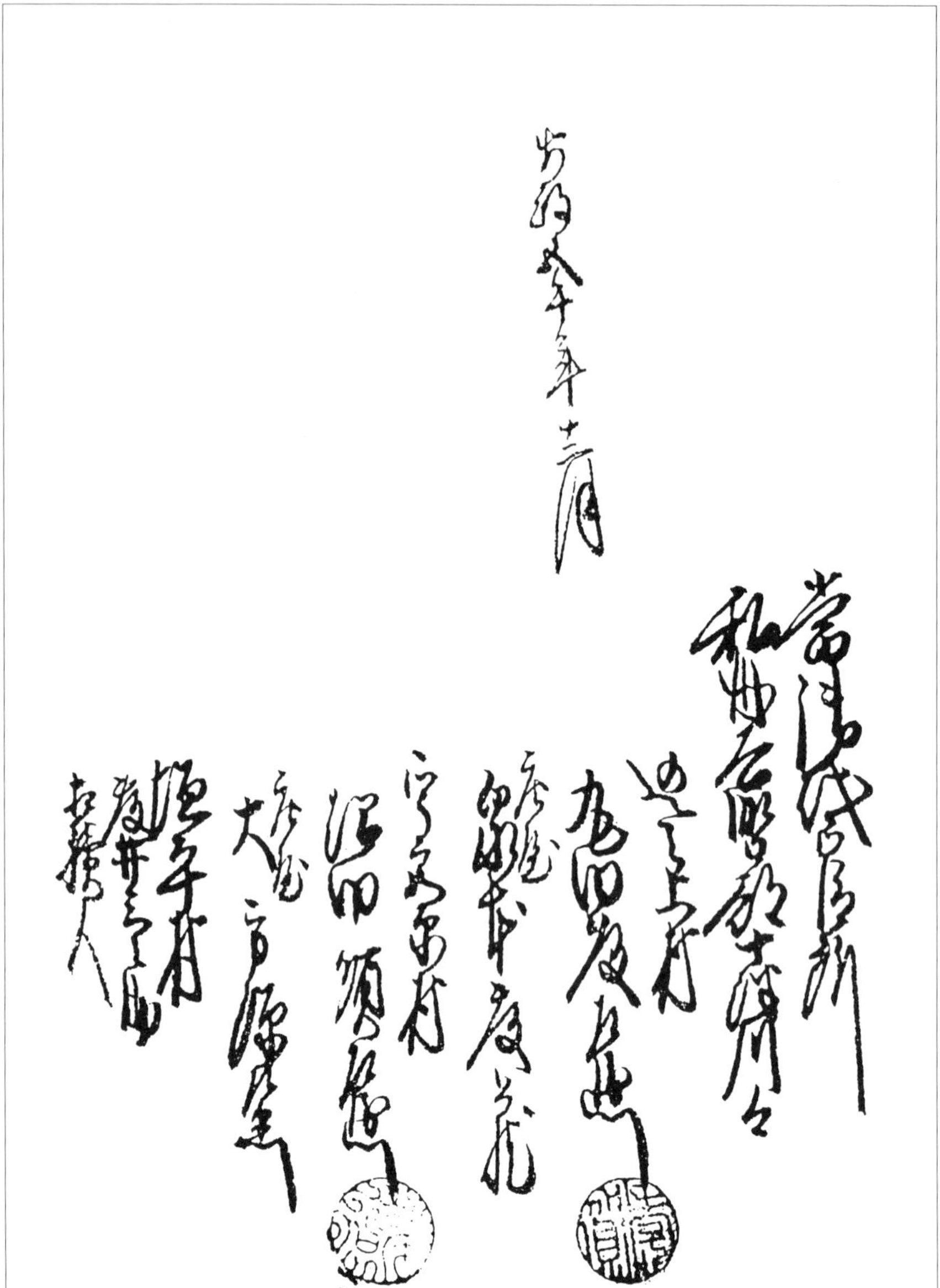

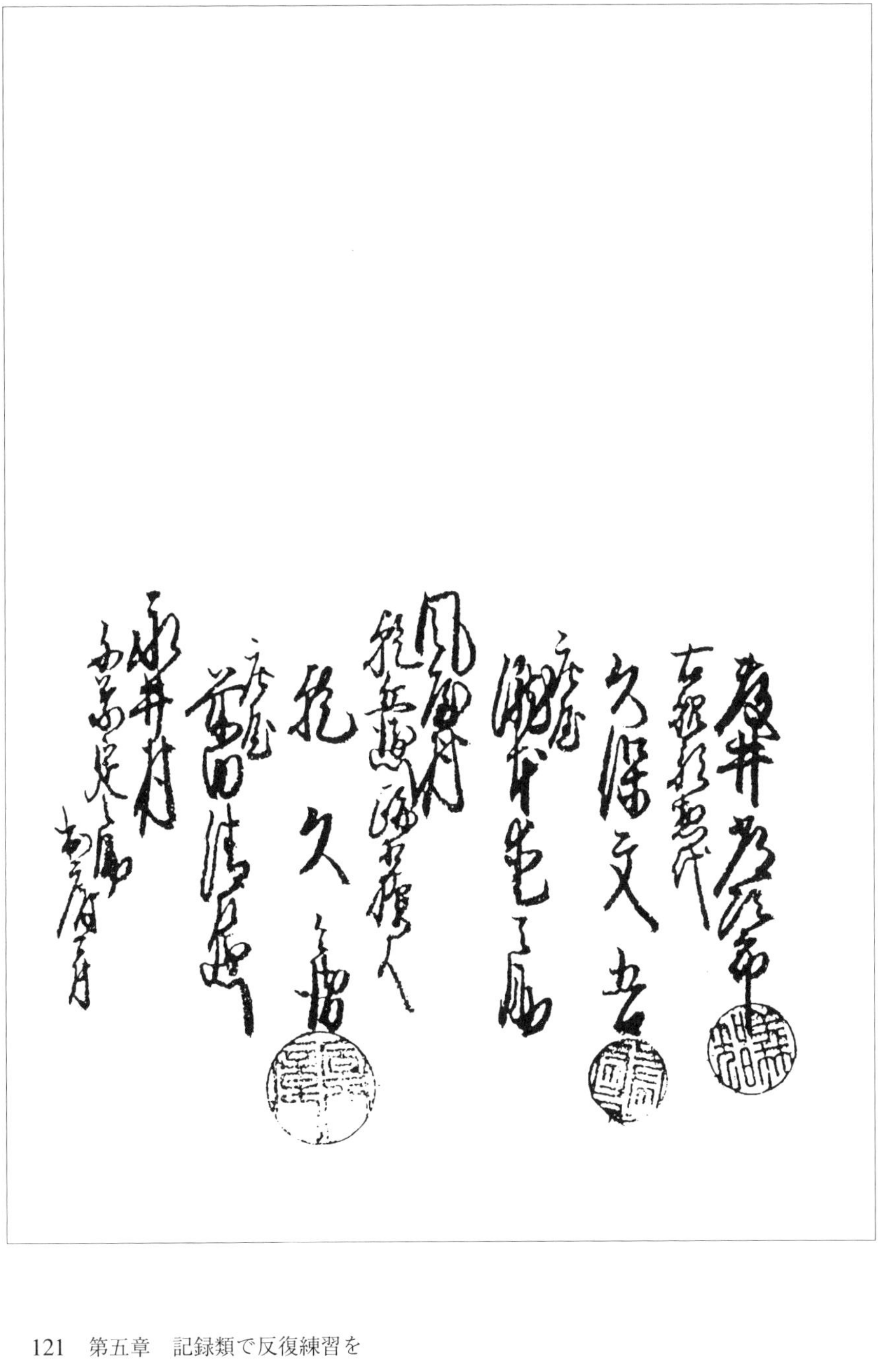

松尾多助様
　休彼方

　　　　　　　戌五月
　　　　　　　　　江参金三両
　　古　　極月十日
　　永井村
　　松井源花

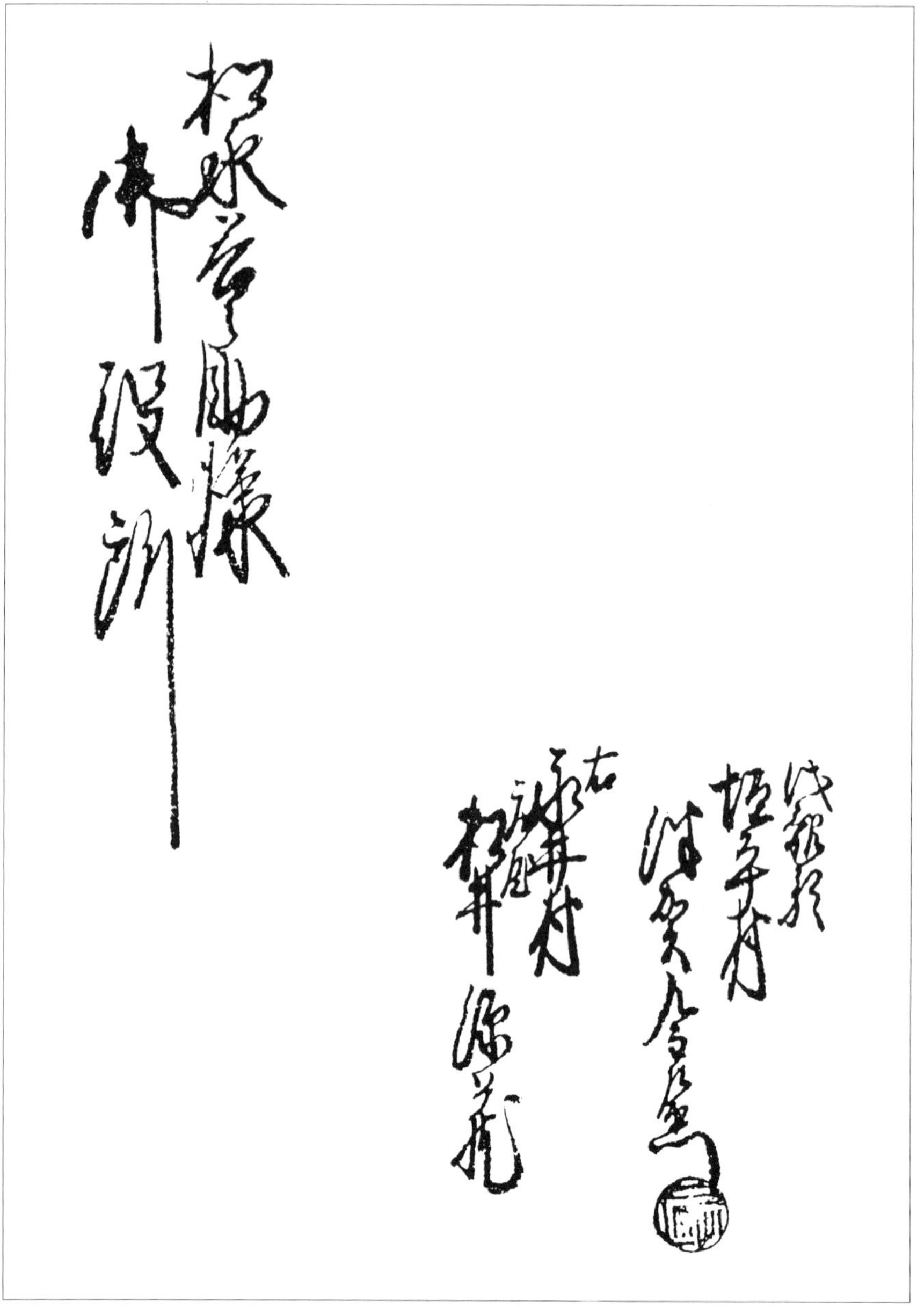

から寄進された三山修理料や、富くじの利益などを資金として、江戸の芝にあった紀州藩邸に芝三山貸付所を、京都・大坂・奈良・堺などに出張所を設け、「熊野の名目金」という貸付事業を行なったが、幕府・紀州藩の権力と三山の信仰を背景に信用度も高く、事業は大いに発展した。

この記録は大和国吉野郡込之上村（現・奈良県吉野郡十津川村）の庄屋丸田藤左衛門の記した「紀州熊野三山御貸付御拝借金取締連印帳」である。

全般的には読みやすいものであるが、筆者の癖もあって、たとえば年号の「嘉永」とか「熊」「野」「両」「残」「葉」「順」「其」「遅滞」「取」「聊」「乾」「既」など、これまでに出てこなかった多くのくずし字が頻出する。そこで、読めない文字はその部分を空白（□）にして続きを書き写すほか、漢字の一部であるところの偏（へん）・旁（つくり）・冠（かんむり）・足（あし）など、読める部分だけは書き写しておき、前後の文章の続き具合や意味を考えて読み直すと、意外に空白は埋まるであろう。左に読みを掲げておくが、全文を写し終えるまでは見ないで頂きたい。

嘉永五子十一月
紀州熊野三山御貸附
御拝借高
金五百両
　右元利之内江追々返納いたし
当六月改
一元金四百両

此利金弐拾四両　但 七月ゟ十二月迄 六ケ月分利足
〆　金四百弐拾四両
内
金四拾六両三分 其後追々 返納之分
同　百　両　今般相納候分
……………………

残金弐百七拾七両壱分
此訳
金百拾四両三分永四拾壱文
風屋村
乾丘衛門分
同六拾壱両三分永七拾五文
永井村
千葉定之助分
同八拾六両弐分永弐拾四文
垣平村
藤井三之助分
同弐両壱分永八拾七文
宇宮原村
沼田順左衛門分
同拾壱両三分永弐拾三文
込之上村
丸田藤左衛門分
〆金弐百七拾七両壱分

……………………

右者私共義紀州熊野三山江戸御貸附所ニ而御拝借仕、其後右三山大坂并南都御貸附所江追々御返納仕候処、書面之通差滞候ニ付、既ニ江戸御貸附所江御差出可相成之処、當御役所ゟ南都御貸附所江御掛合被成下、難有奉存候、然ル上者前書之通取締致、

……………………

右金子二月壱分之利足差加江、来未六月廿五日限半通相納、残り半通者同十月廿五日限元利とも聊無遅滞皆御返納可仕候、万一右連印之内日限及遅滞候ハヽ、村役人取締（貼紙）「奉御返上納」（抹消）「納いたし」聊御差支無之様可仕候、依之、一同連印書付差上申処如件、

……………………

安政五午年十二月
當御代官所
和州吉野郡十津川郷
込之上村
丸田藤左衛門㊞
庄屋
泉本藤蔵
宇宮原村
沼田順左衛門㊞
庄屋
大方源左衛門
垣平村
藤井三之助
相続人

……………………

藤井常次郎㊞
右親類惣代
久保文吾㊞

庄屋
瀧本愛之助
風屋村
乾丘衛門跡相続人
乾　久兵衛㊞
庄屋
前田清左衛門
永井村
千葉定之助
出府ニ付

代親類
垣平村
津賀金左衛門㊞
右
永井村
庄屋
松井源蔵
松永善之助様
御役所

長文の記録は反復練習に最適—馬借荷物の出入り

数通の古文書や板本によって漢字や仮名を読み写してきたが、いわゆる古文書や古記録に書かれているくずし字に習熟するための一つの方法としては、長文の記録を読むとよい。それは同一人による文章であるため、同じような書き方の文字がたびたび出てくるだけでなく、用例の繰り返しも少なくないため、いわゆる「反復練習」することによって、たとえ自分では「くずし字」が書けなくても、たとえばゟは「より」、ヒや攴は「こと」、枩という文字を見れば「松」、刕は「州」、笇は「算」などと、抵抗もなく読んでしまうようになるからである。126頁写真❷の表紙は下記のようになっている。本文七八丁（一五六頁）にわたり、阿部豊後守領の摂津国豊島郡瀬川村・半町村の庄屋及び馬借（ばしゃく）年寄・馬借問屋らが、小堀縫殿代官支配地である同

寛政五（一七九三）年正月
池田村荷物出入り一件書留
半町村庄屋
茂兵衛

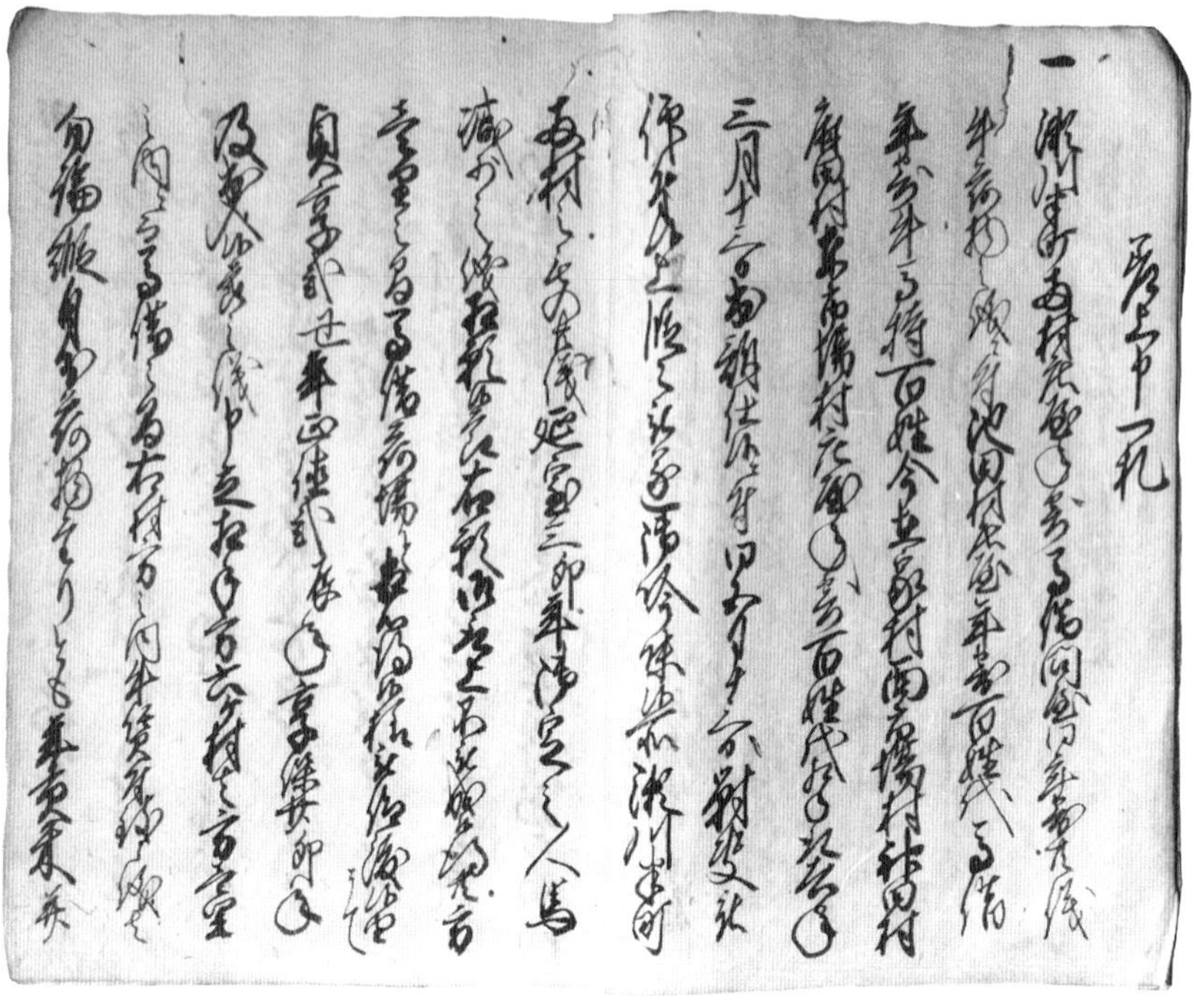

❷　〔池田村荷物出入り一件書留〕の書き出し

国・同郡の池田村牛持らを、大坂町奉行に訴えた事件の一部始終を記録したものである。129〜141頁にわたって掲載したもの（写真❸）と同じものだが、とりあえず、書き出しの部分を読んで頂きたい（写真❷）。

写真では文字が小さいので少々読みにくいが、村名をはじめとして、この写真に出てくる「馬借・問屋・同・年寄・牛・荷物・牛馬・庄屋・二付・百姓・相手・御吟味・相・出入」など、すべての文字や熟語は、次に大きな文字で掲げるもの（写真❸）にも出てくるから、読めない文字は写真と対照して形を覚え、参考にして頂きたい。

前記の瀬川村・半町村は、ともに西国街道沿いの立会駅で、半町村に本陣が置かれたほか、両村に「馬借」という交通労働者の集団が居住して、運輸の業に当たっていた。この馬借という職業集団は、陸上交通の発達につれて古くから存在していたもののようで、平安時代後期の社会生活を知るための貴重な文献とされている藤原明衡（ふじわらのあきひら）の『新猿楽記（しんさるがっき）』にも載せられているが、中世には運輸のかたわら商品の販売にも従事し、多くの商業上の特権を持っていた。団結力が強く、その集団の権益が侵されようとするとたちまち蜂起して、要求を貫徹させようとしたようで、近江の大津・坂本の馬借は南北朝時代の康暦元年＝天授五年（一三七九）から室町時代の明応二年（一五九三）までに一七回も蜂起し、後には土一揆や徳政一揆にも参加している。もっとも、近世になって商業の著しい発展にともない、商業と運輸業とが明確に分化されると、その活動範囲も次第に限定され、交通・運輸の専門労働集団化していった。江戸時代初期の寛永二年（一六二五）十一月に、大坂の馬借が大坂町奉行所に提出した「馬借手形」には、

大坂馬借之者とも書上候覚

一御伝馬、昼夜をきらわず相立可レ申事、

一如二御定一駄賃取可レ申候、若壱銭成共増銭取候得者、如二御法度一曲事ニ可レ被二仰付一候事、

一馬方とも町中から馬に乗候は、馬を可レ被二召上一候事、

一往来之荷物ニ番馬と申候事仕間敷候、何馬成共駄賃人次第ニ仕、前後之儀申間敷事、

一夜通し之駄賃、如二御定之一可レ仕候事、

差上申一札

一瀬川・半町両村庄屋・年寄・馬借問屋・同年寄共儀、牛荷物之儀ニ付、池田村庄屋・年寄・百姓代・馬借年寄・牛馬持百姓、今在家村・西市場村・神田村・麻田村・東市場村庄屋・年寄・百姓代相手取、去年三月十三日出訴仕候ニ付、同五月十三日対決被仰付候上、段々被遂御吟味候所、瀬川・半町両村之もの共儀、延宝三卯年御定之人馬減少之儀相願候節、右願御取上不被成候得共、方壱里之間馬借荷場と相心得候様被仰渡候由ニて、貞享弐丑年・正徳弐辰年・享保廿卯年及出入候節之儀申立、相手方六ケ村者方壱里之内ニ而馬借之間、右村方之内牛賃付致候儀者勿論、縦自分荷物たりとも年貢米并…

など一八か条の誓約事項が記されている。

馬借の取り締まりには馬借所の置かれた村々の村役人が当たり、馬借庄屋・馬借年寄の名で呼ばれたが、とくに宿駅の場合は伝馬役の負担などがあったため責任は重大であった。

〈天下の台所〉とか〈諸国取り引き第一の処〉などと呼ばれた大商工業都市大坂の北に位置し、西国街道・能勢道をはじめ丹波・丹後・但馬への道筋にあたる摂津国豊島・川辺・武庫・有馬の四郡にあっては、すでに天和年中（一六八一－八四）に、瀬川・半町、池田、伊丹、昆陽、小浜、尼崎、西宮、生瀬の八ケ宿に馬借所が設置されていたが、とりわけ瀬川・半町両村は西国街道の要衝に位置しているうえに、有馬および多田銀山への道も便利であったため、宿駅が設定されたのも公用人馬継立てのためであったから、これら諸道における公用人馬継立ての無賃あるいは御定賃銭による運輸の義務を課せられた。前掲『池田村荷物出入り一件書留』には、その負担の代償として、「延宝年中京大坂　御奉行所様石丸石見守様・彦坂壱岐守様被レ為二仰渡一候ハ、馬借所ゟ方壱里之間致二荷場所と一、諸荷物駄賃付を以馬飼料と仕、御用相勤可レ申段被レ為二仰付一」たことから、公用の「手透」きに近在の諸荷物を運搬して「馬飼料」に当ててきたという。

一方、池田馬借所は困窮のため天和二年（一六八二）に高札を返上したが、その後、正徳元年（一七一一）にその復活を図り、伝馬役を負担する瀬川・半町村との対立を引き起こしたが、やがて寛文（一六六一－七二）から元禄（一六八八－一七〇三）にかけて、大坂の発展は目覚ましいものがあり、諸国の物産は大坂を中心として集散し、京と西国とを東西に結ぶ瀬川・半町沿いの西国街道は、参勤交代の近道としては賑ったものの、次第に経済路線としての機能を失った。

これに対して、大坂と北摂とを南北に結ぶ能勢街道の要衝に位置した池田村は、貞享から元禄（一六八四－一七〇

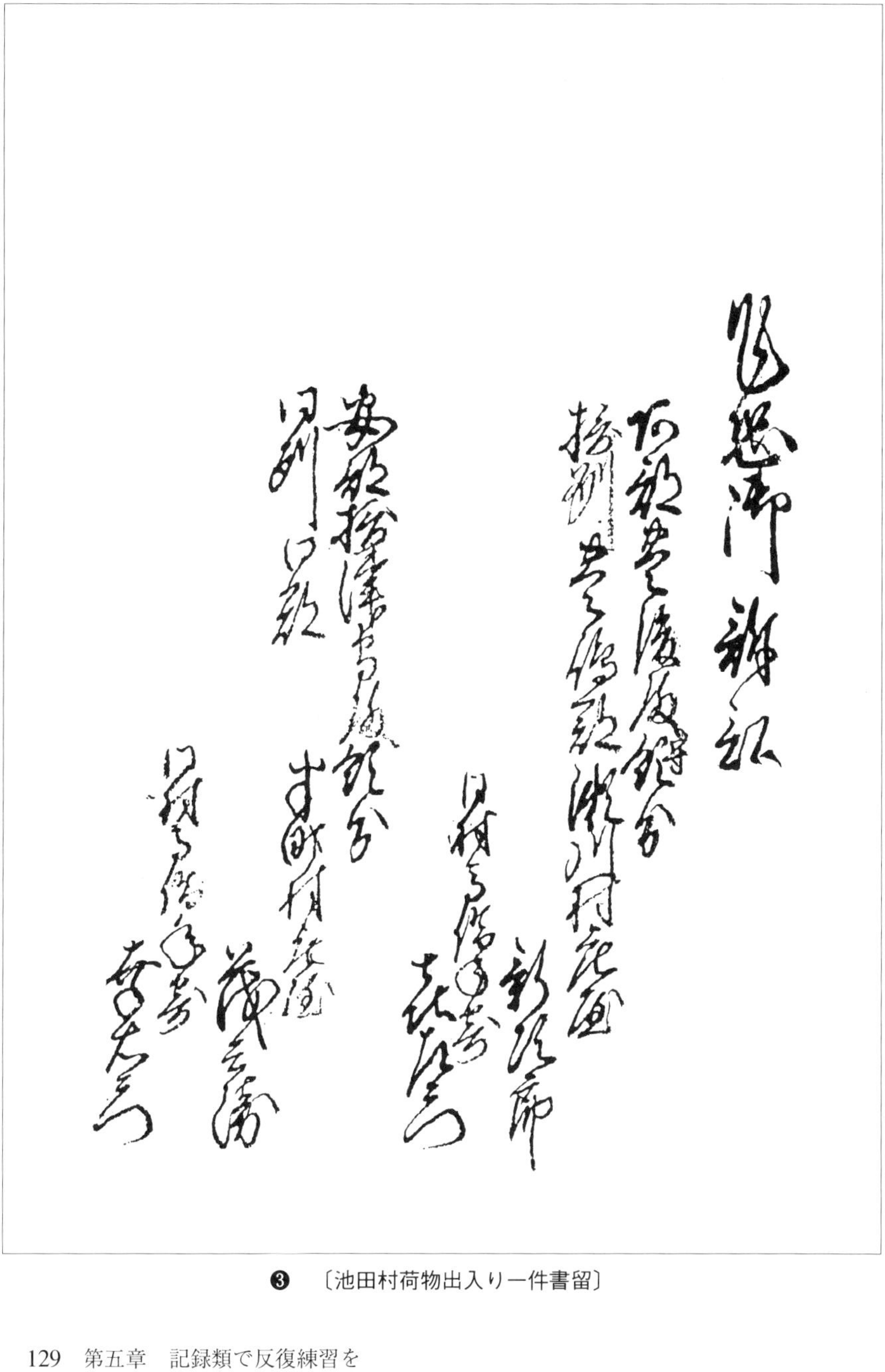

❸　〔池田村荷物出入り一件書留〕

立会馬借　同家仁左衛門

小橋錠屋権治代兵衛
別門郎　池田村　漆屋
　　　　　　　　　　尚又拍
　　　　　　　　　　平右衛門
　　　　　　　　九左衛門
　　　　　　御寺
　　　　　立左衛門
　　　　平左衛門
　別門郎
　平左衛門

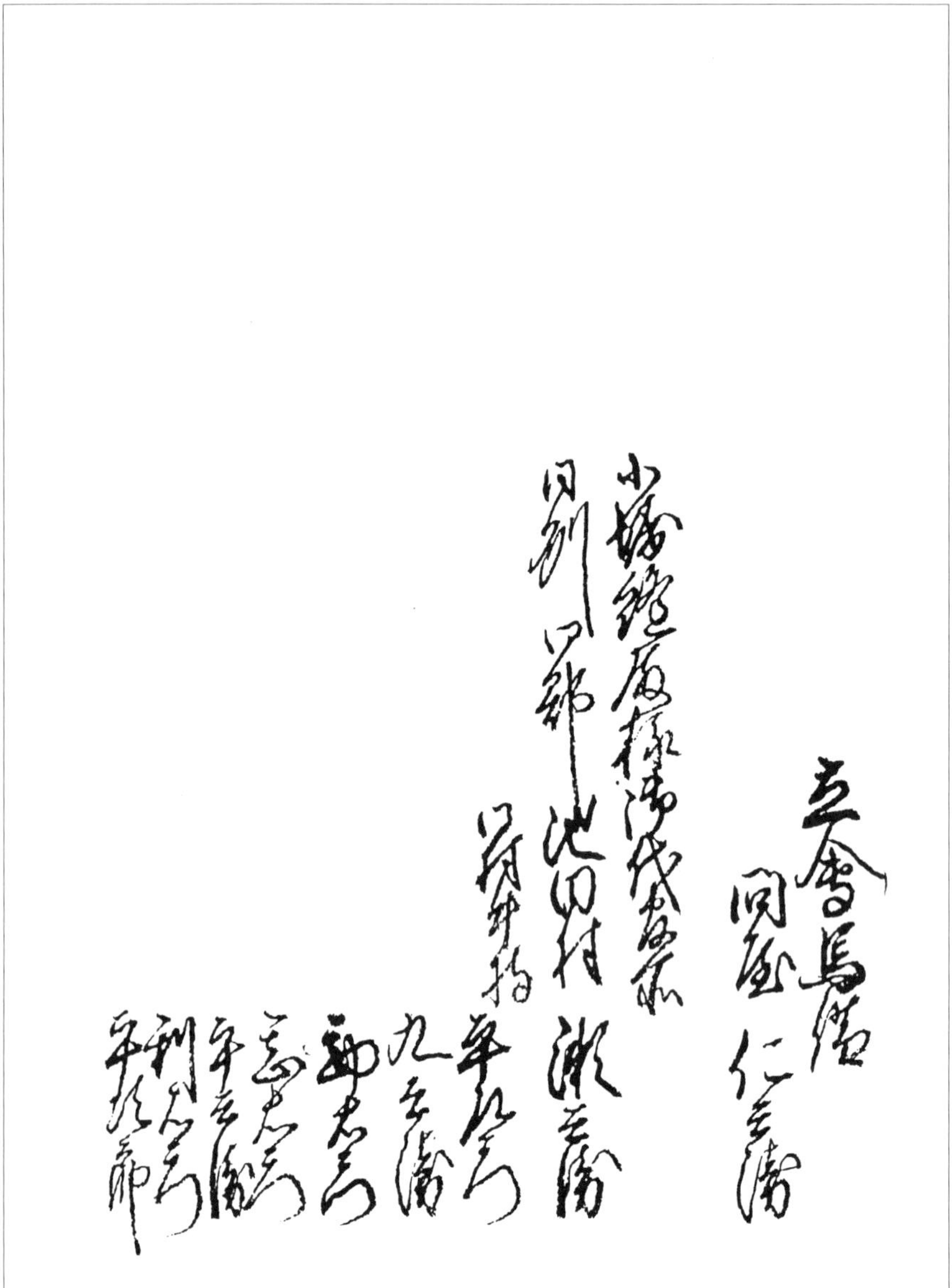

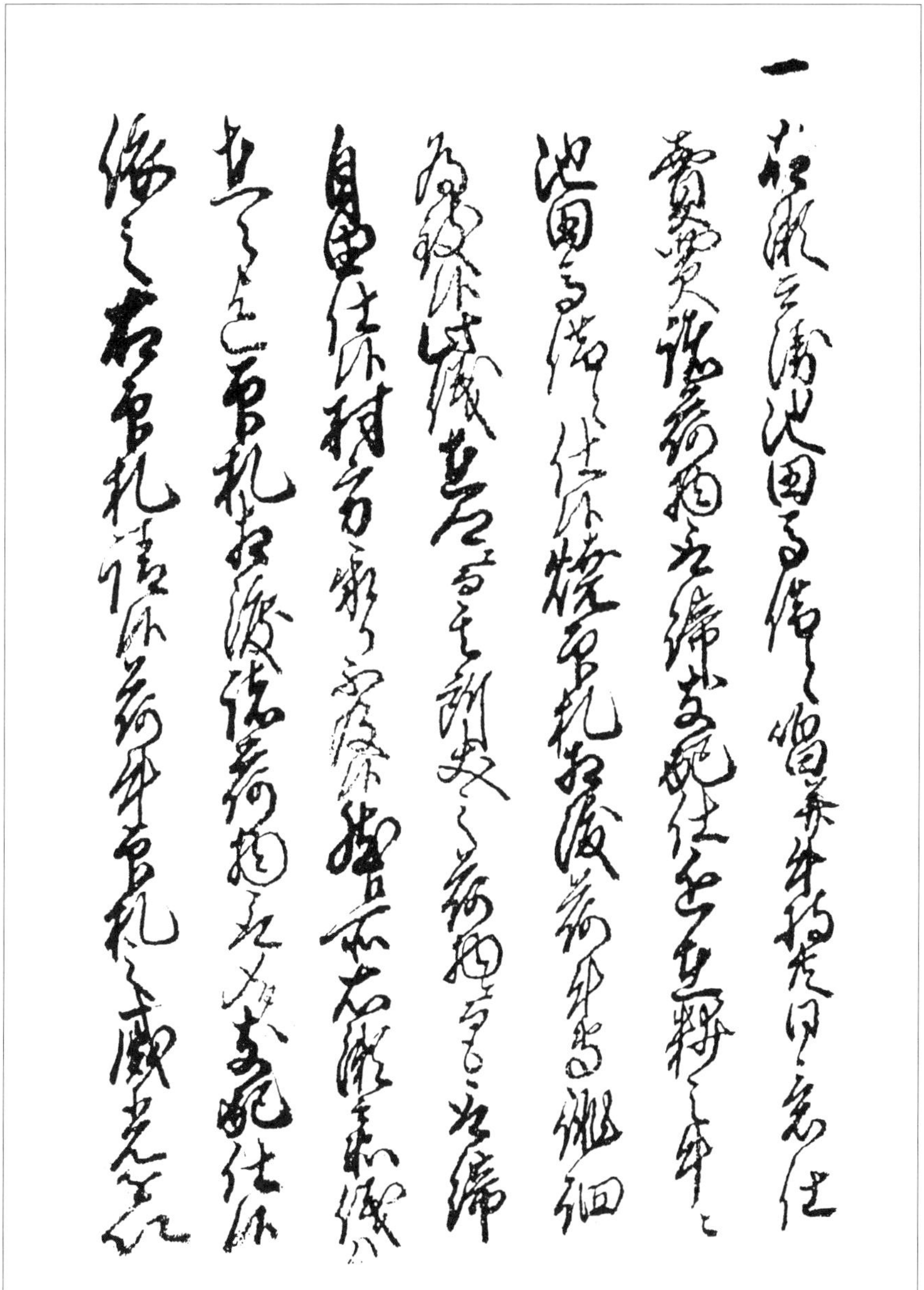

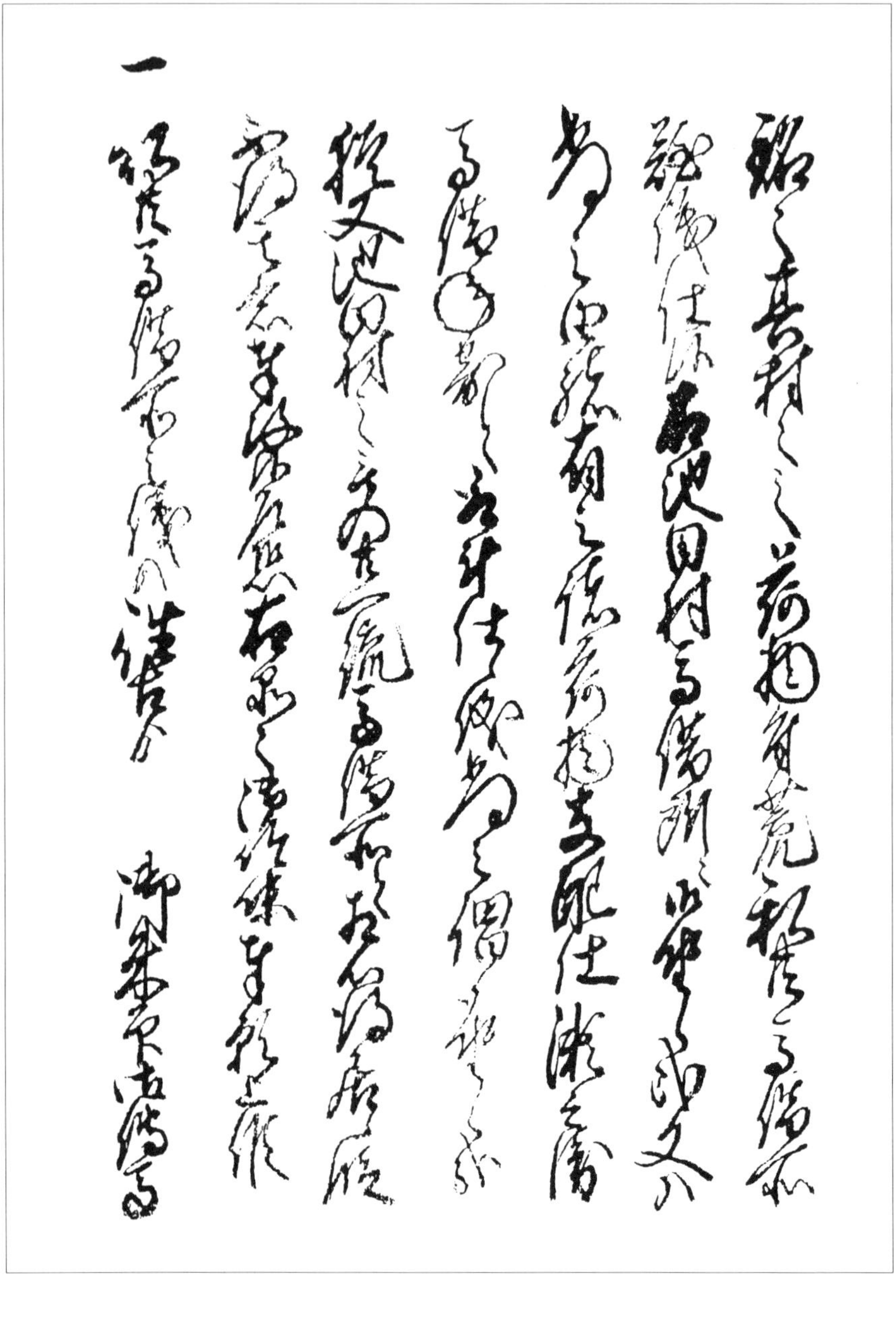

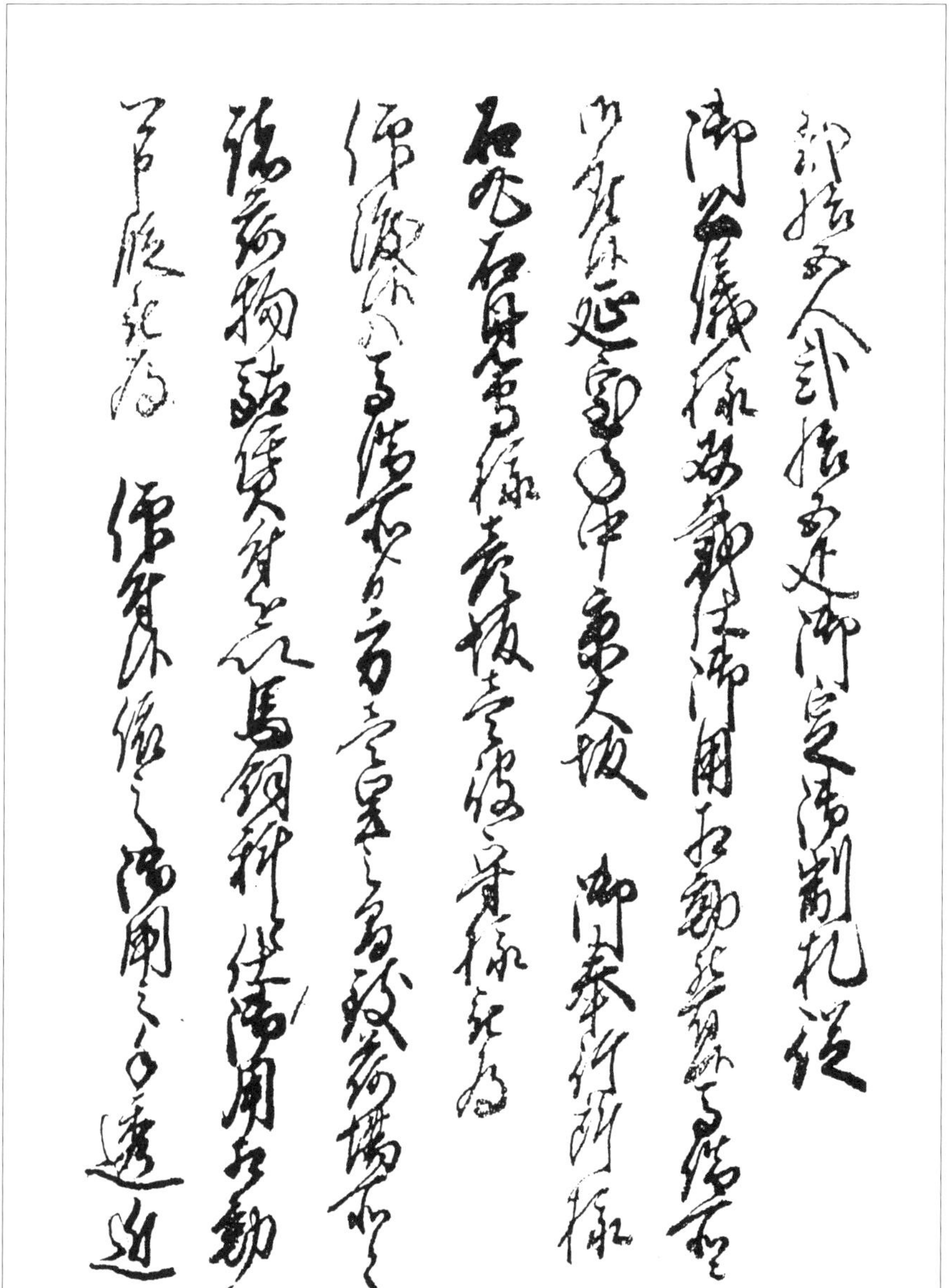

右段為相願候得共仕候処其上致候而御拝借
御役所相勤候者共不残御伝馬役相勤申候処中
達之候及困窮候ニ付被為仰付相続難相成候間
御用相勤候場所并御制札場等迄可仕難儀
馬数相増御用相勤候ニ付被仰付被下置候
然ル上ハ近在之者共小村之者共不少候
御尋之上近在之場所ニ而御取計村

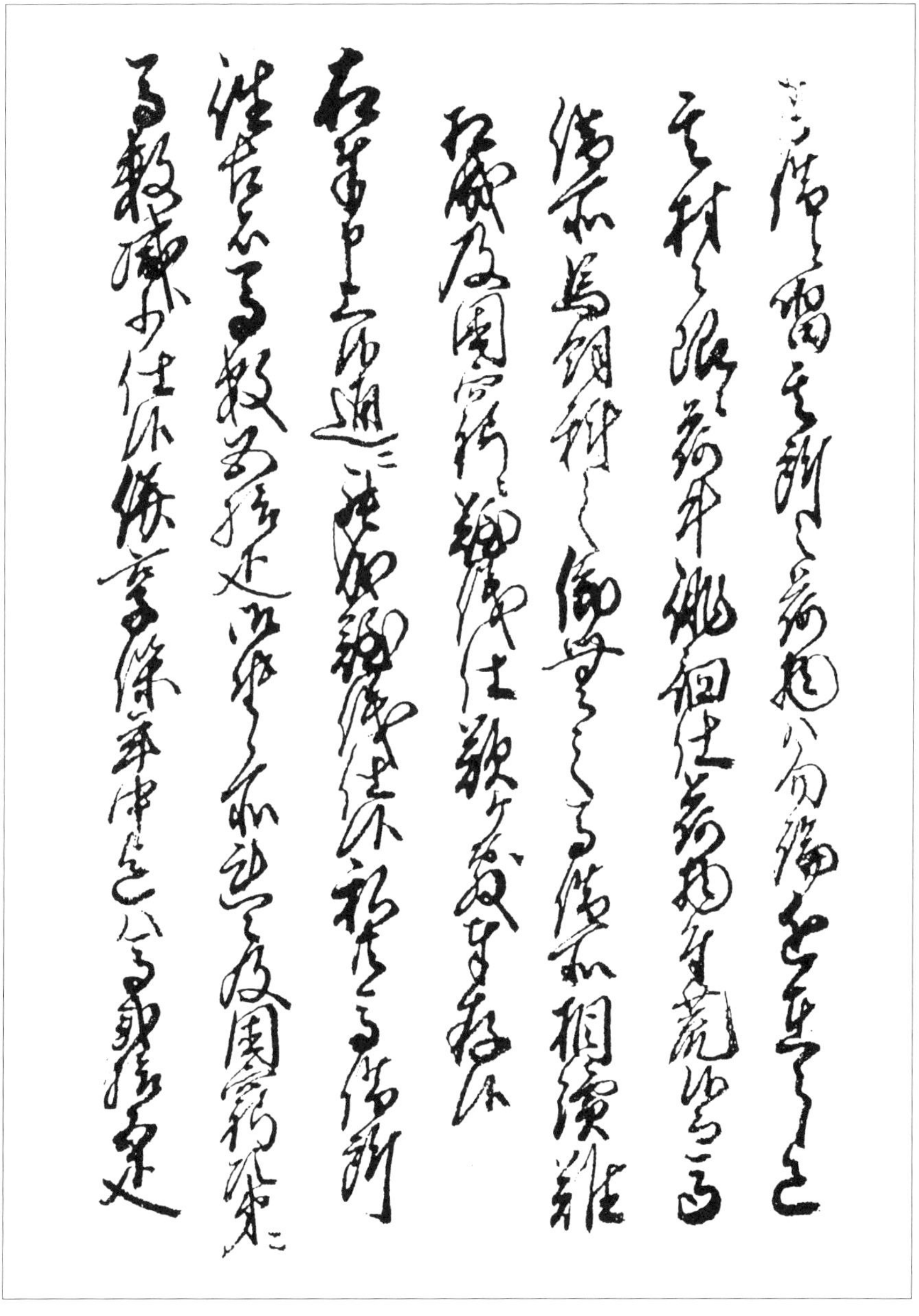

而猶其上海路御用程能相勤ニ付何れも御
感思之趣ニ而右地図持運之錢毛並差置候
地図ニ附候之名目高(?)其並(?)之趣承被
蒙相用候之処御役所ゟ程ニ相(?)候
御取之及関係右候鏡其殺鉄之及其(?)候
御渡之通右之假其形之及其候段
守殿へ被差文図写相添一ヶ所可申奉公候

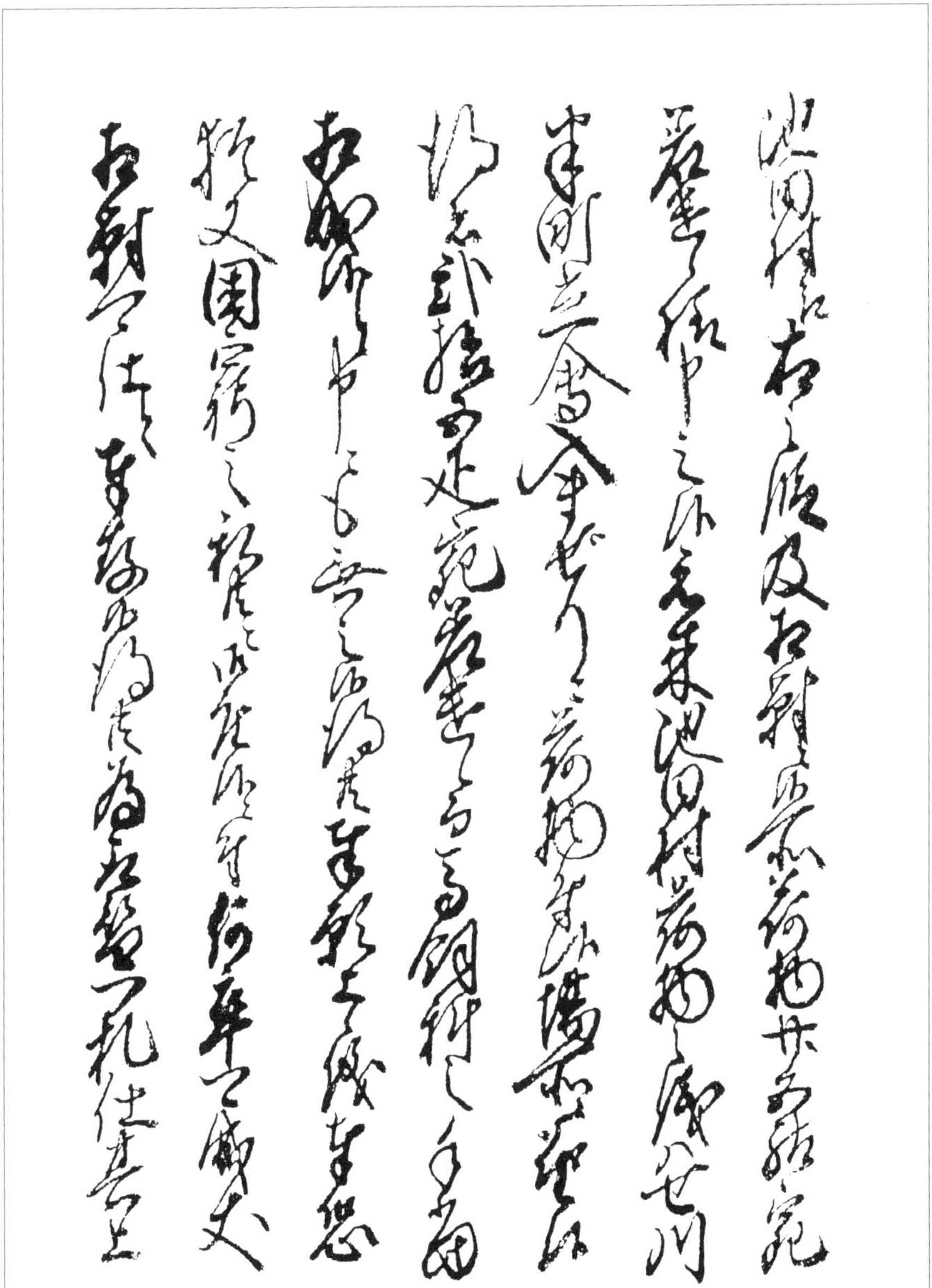

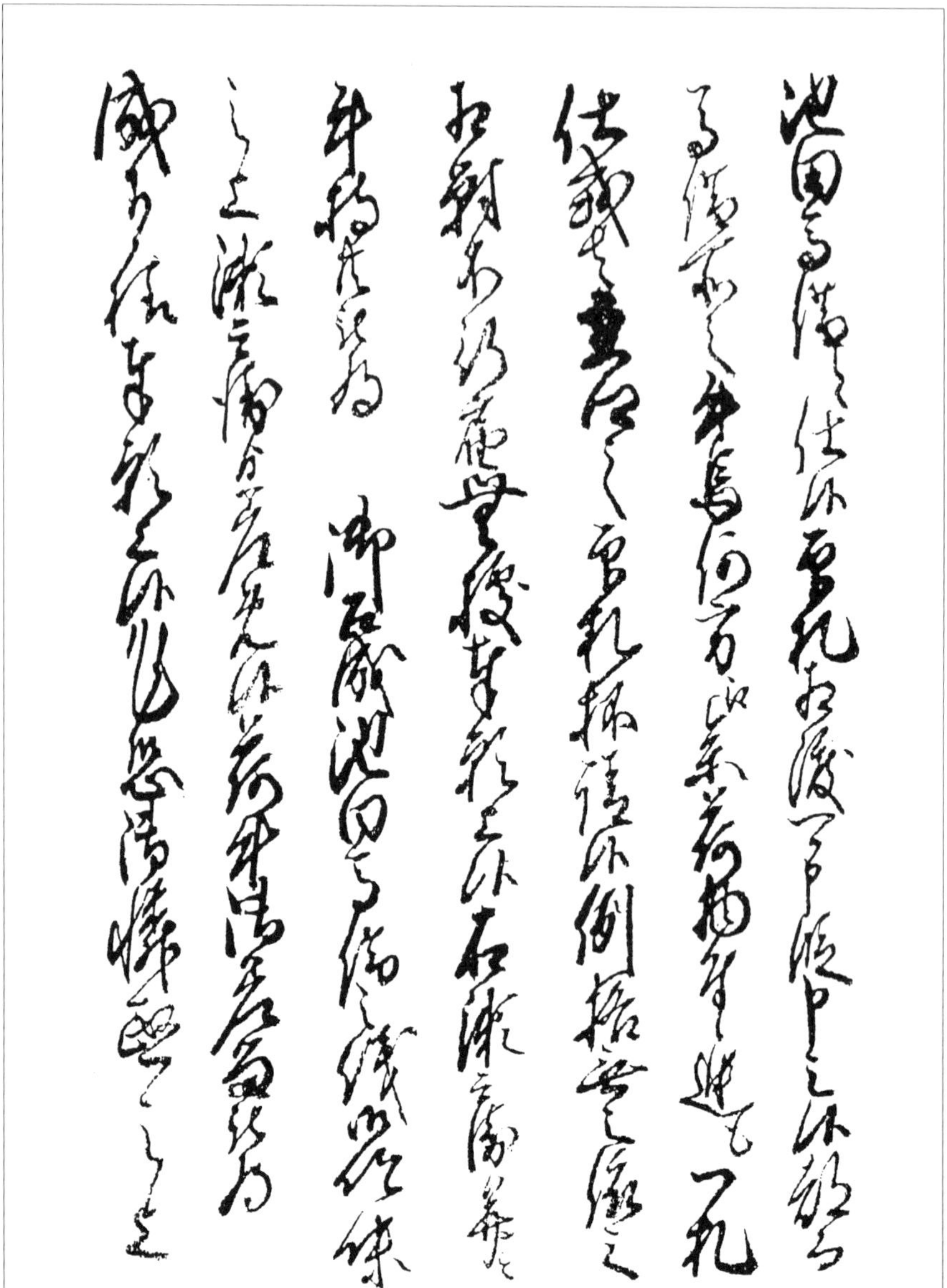

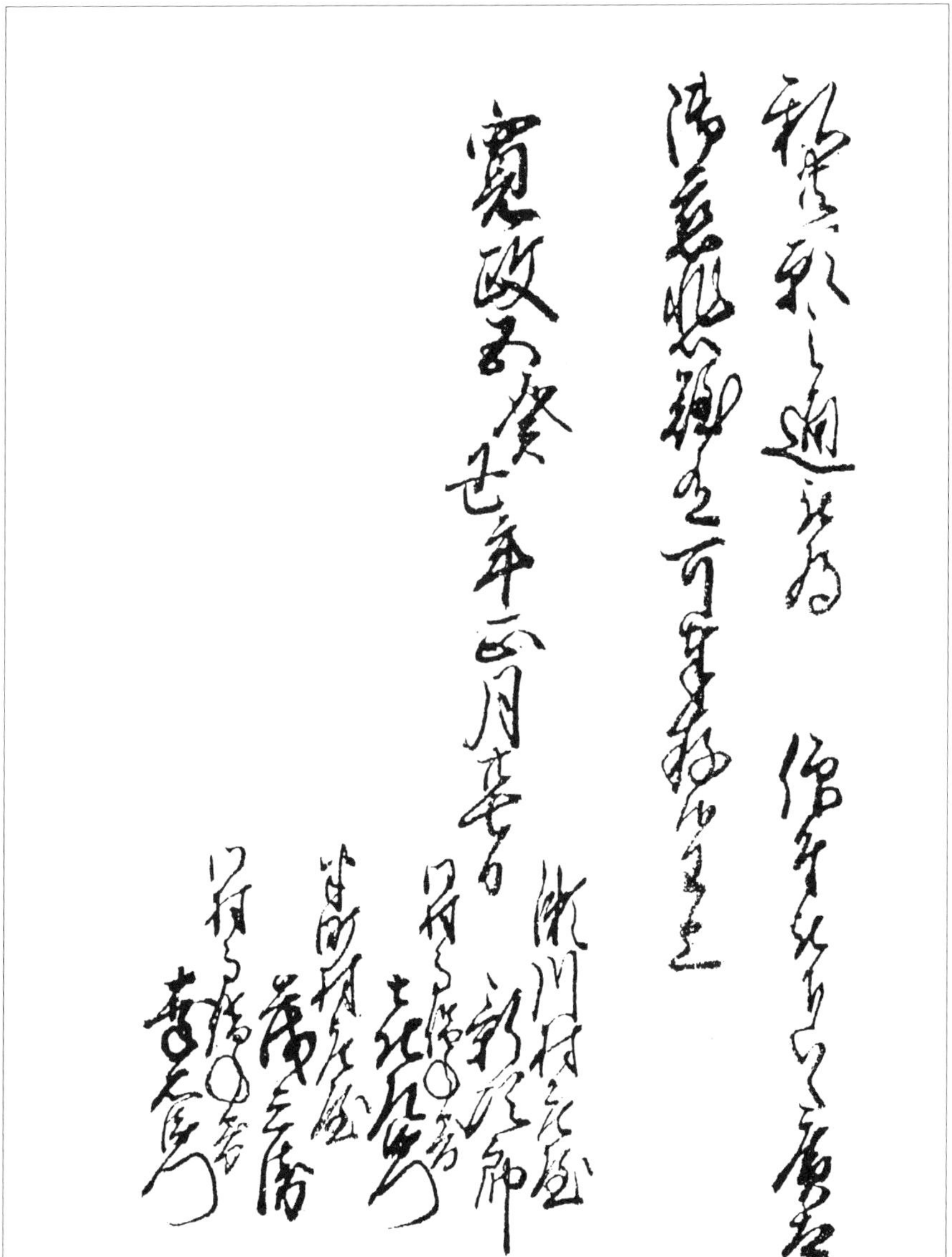

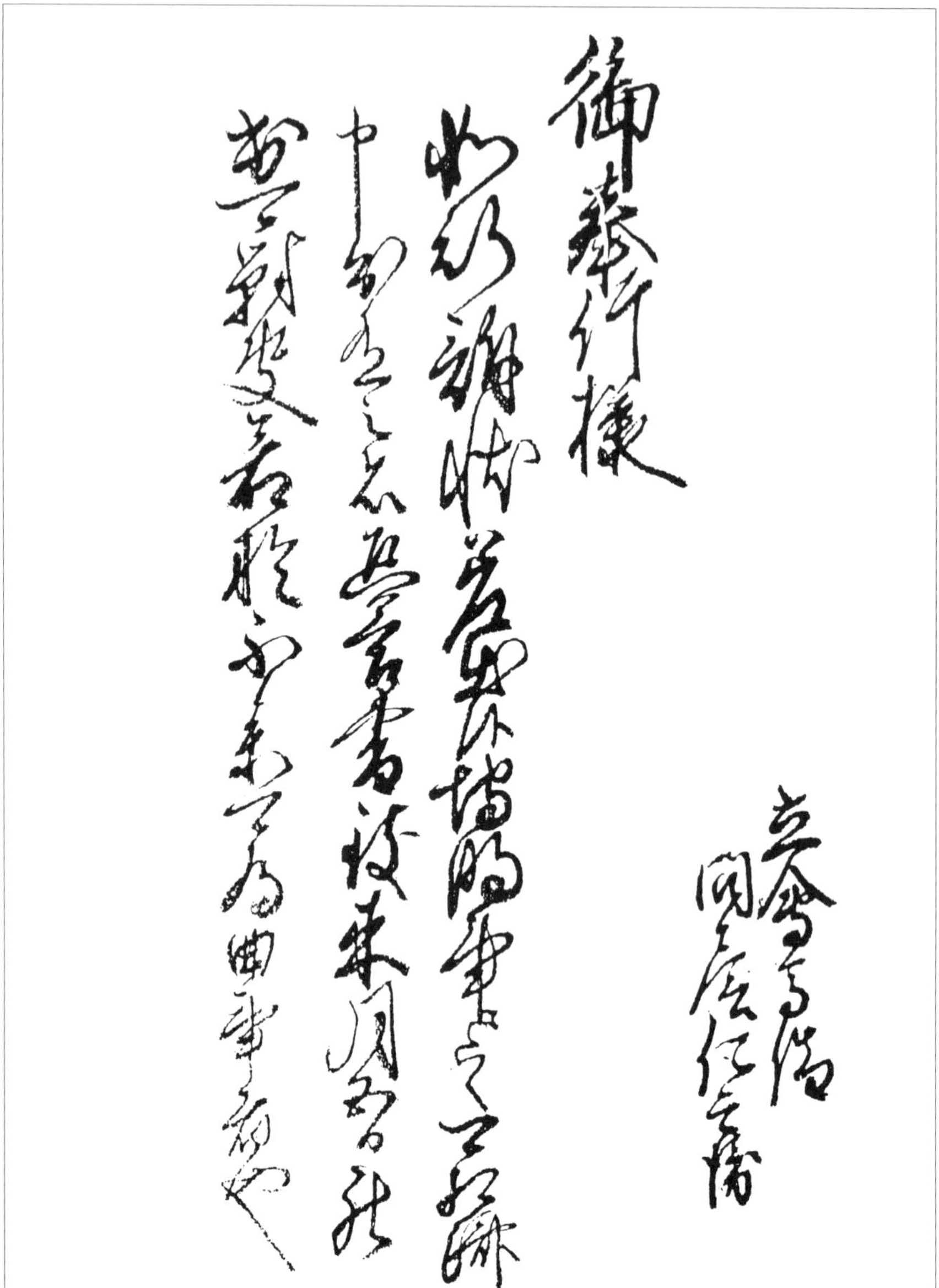
御奉行様

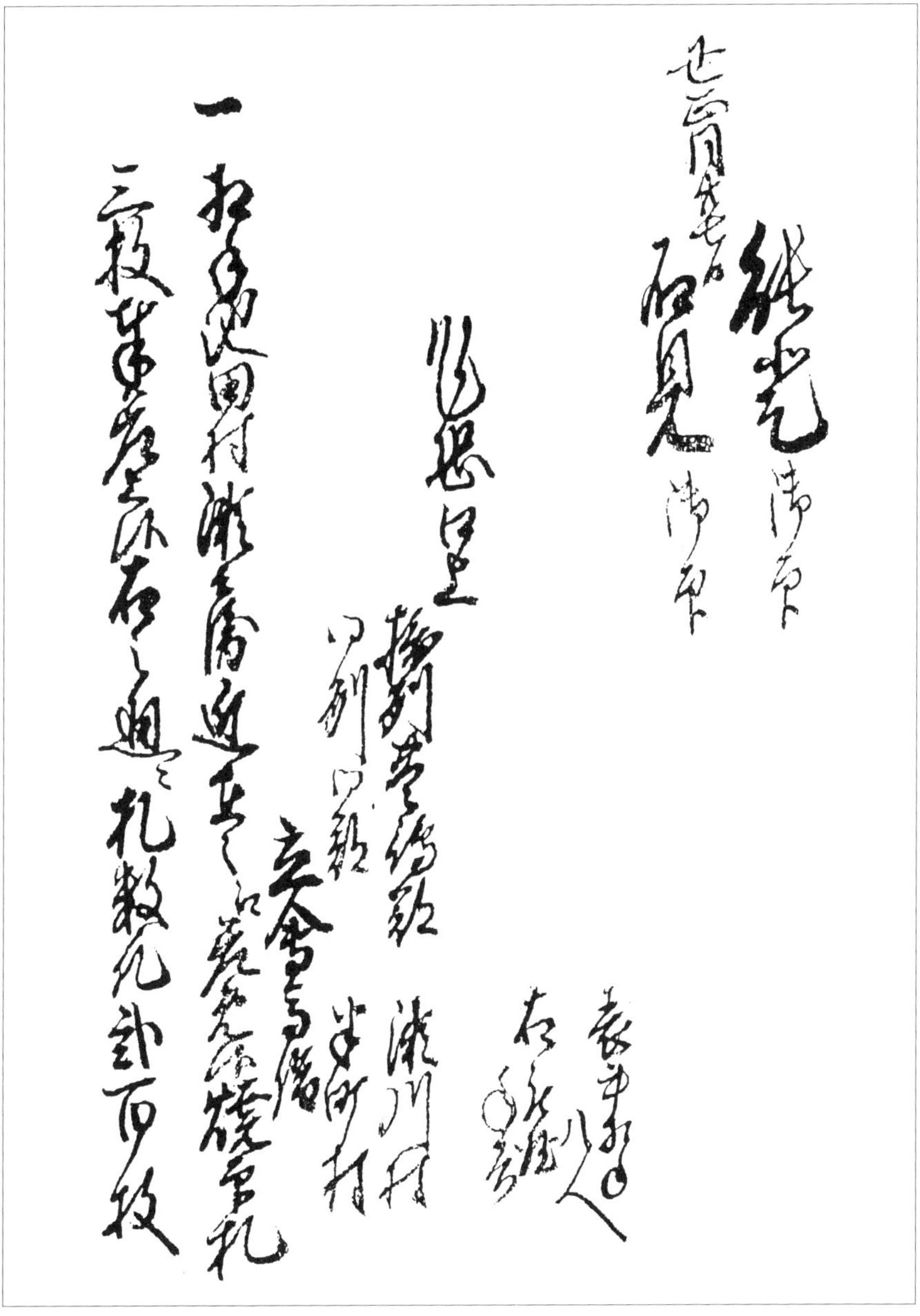

四）にかけて、能勢街道の物資移動量が急激に増加し、在郷町として大いに発展し、このころから商人荷物を巡る瀬川・半町馬借と池田の馬持ちとの争いが表面化して、貞享二年から正徳二年（一七一二）・同五年・明和元年（一七六四）と、たびたび大坂町奉行所への訴訟が行なわれ、やがて寛政の馬借争論となったのである。

こうしたことを念頭に置いて、129～141頁にかけて掲載した記録（写真❸）を転写して戴きたい。

乍恐御訴訟

阿部豊後（後筆）守殿領分
摂州豊嶋郡瀬川村庄屋
新　次　郎
同村馬借年寄
喜左衛門
安部摂津守殿領分
同州同郡　半町村庄屋
茂　兵　衛
同村馬借年寄
幸右衛門
……………
立会馬借
問屋　仁　兵　衛
小堀縫殿様御代官所
同州同郡池田村　瀬　兵　衛
同村牛持　平左衛門
九　兵　衛
勘右衛門
甚右衛門
平　兵　衛
利右衛門
平　次　郎
……………
一右瀬兵衛、池田馬借と唱并牛持共同意仕売買諸荷物取締支配仕、近在耕之牛ニ池田馬借と仕候焼印札相渡、荷牛馬徘徊為致候、此儀、在郷ニ而其所丈之荷物ニ而も取締自由仕候村方承り不及候、然ル所、右瀬兵衛儀ハ在々迄印札相渡、諸荷物取〆リ支配仕候、依之、右印札請候荷牛印札之威光を以
……………
銘々其村々之荷物付荒、私共馬借所難儀仕候、右池田村馬借所ニ御坐候哉、又ハ如何之由緒有之諸荷物支配仕、瀬兵衛馬借年寄と取計仕候儀、如何之謂御坐候哉、

猶又池田村之もの共一統、馬借所と相心得居候段
不得其意奉存候、乍恐右品々御吟味奉願上候、
一私共馬借所之儀ハ往古ゟ　御朱印御伝馬

……………………………

弐拾五人・弐拾五疋御定御制札、従
御公儀様頂戴仕、御用相勤罷有候馬借所ニ
御座候、延宝年中京・大坂　御奉行所様
石丸石見守様・彦坂壱岐守様被為
仰渡候ハ、馬借所ゟ方壱里之間致荷場所と、
諸荷物駄賃付を以馬飼料と仕、御用相勤
可申段被為　仰付候、依之御用之手透近

……………………………

在諸荷物賃付仕、漸々是を以致馬飼料と
御役儀相勤罷有候馬借所ニ御座候所、中古ゟ
連々及困窮ニ、馬数次第ニ減少仕、当時纔ニ而
御用相勤候得共、御制札奉恐候ニ付、何卒
馬数相増御用相勤申度存念ニ御座候得共、
近年諸色高直ニ而、少村之馬借所、此儀
難相叶、其上近在荷場之内ニ而既ニ池田村

……………………………

馬借と唱、其所之荷物ハ勿論、近在々迄
其村々限ニ荷牛徘徊仕、荷物付荒候而、馬
借所馬飼料之働無之、馬借所相続難

相成及困窮ニ、難儀仕歎ケ敷奉存候、
右奉申上候通ニ罷成、難儀仕候私共馬借所、
往古者馬数五拾疋御坐候所、連々及困窮、次第ニ
馬数減少仕候、併享保年中迄ハ馬弐拾五疋

……………………………

所持仕、海道御用程能相勤、馬飼料之働
相応ニ御坐候所、右池田村追々我意を募り、
池田馬借之名目を以、近在々迄印札相渡、
荷物自由ニ取計仕候様ニ成行、私共馬借所
必至と及困窮ニ、相続難相成、歎ケ敷奉存候、
依之、近年右之段奉願上度奉存候得共
奉恐入、猶又困窮之馬借所、旁々以去冬ゟ

……………………………

池田村江右之段及相対ニ候所、荷物廿五駄宛
差遣候様申之候、元来、池田村荷物之儀ハ、せ川・
半町立会入まぜりニ荷物付候場所ニ御坐候
得者、弐拾五疋宛差遣候而馬飼料之手当
相成候と申ニも無之候得共、奉願上候儀奉恐、
猶又困窮之私共ニ御座候ニ付、何卒可成丈
相対可仕と奉存候得共、為取替一札仕、其上

……………………………

池田馬借と仕候印札相渡可申段申之候、都而
馬借所之牛馬、何方江参荷物付候迚も一札

仕、或者在郷之印札抔請候例格無之、依之
相対不行届、無拠奉願上候、右瀬兵衛并ニ
牛持共被為　御召成、池田馬借之儀、御吟味
之上、瀬兵衛ゟ差免候荷牛、御差留被為
成下候様奉願上候、乍恐御憐愍之上
私共願之通被為　仰付被下候ハヽ、広太之
御慈悲難有可奉存候、已上、

瀬川村庄屋　新次郎

寛政五癸丑年正月廿七日

同村馬借年寄　喜左衛門

半町村庄屋　茂兵衛

同村馬借年寄　幸右衛門

……………………

立会馬借　問屋　仁兵衛

御奉行様

如斯訴状差出候、埒明事ニ候ハヽ、可相済、

中分有之者返答書致、来月五日罷
出、可対決、若於不参可為曲事者也、

……………………

丑正月廿七日

（坂部広吉）能登　御印

（松平貴弘）石見　御印

表書相手　八人

右　庄屋　年寄

乍恐口上

摂州豊嶋郡　瀬川村

同州　同郡　半町村

立会馬借

一相手池田村瀬兵衛、近在々江差免候焼印札
三枚奉差上候、右之通ニ札数凡弐百枚　―以下略―

紙面の都合により、この辺りで「以下略」としたが、長文の記録を読むことの効果がお判りのことと思う。

いろいろな筆跡に慣れる――寺僧直末差縺れ一件

146～155頁に掲げた記録（写真❹）は、表紙に、「寛政五年　寺僧三ケ寺御直末差縺一件書記　癸丑三月　二冊之内」とあり、先に掲げた『池田村荷物出入り一件書留』と同じ年の正月に起筆された記録であるが、両者の筆跡はかなり違っている。

一般的に言って古文書・古記録の書体・書風は、その作成された時代によってそれぞれ特徴があり、作成年が記されていない場合にも、内容や文体を勘案して、それが中世文書であるとか近世中期に書かれたものであろうなどと、おおよその見当をつけることは可能であるが、右のように同じ時期に作成された文書・記録の文字に差異があるのは、それが達筆であるとか悪筆であるといったことはもとより、作成者の立場の違いということもある。

『池田村荷物出入り一件書留』は、庄屋・年寄など、当時の村々にあっては知識階層の村役人、すなわち訴状や記録などを書き慣れた人の手によるものと思われるが、次に掲げる『寺僧三ケ寺御直末差縺一件書記』は、おそらく文筆に長じた祐筆（ゆうひつ）（右筆）が書いたものであろう。というのは、この記録の襲蔵者である卜半氏は、天正十一年（一五八三）から三年間は本願寺の寺基が置かれ、東西両本願寺が分立した後も東西兼帯であった和泉貝塚の願泉寺住職であり、かつ寛永十三年（一六三六）には幕府の官寺である天台宗の東叡山寛永寺から、「金涼山」の山号と「真教院」の号を授けられ、貝塚寺内町の地頭を兼ね、寺僧の要眼寺・正福寺・真行寺（以上＝本願寺派）、泉光寺・満泉寺（以上＝大谷派）のほかに家老・勘定方・承仕・執事方などの家来も抱えていた。祐筆もそれら家来中の一人である。

差縺（さしもつ）れ一件、すなわち事件の発端は、寺僧五か寺のうち本願寺派の三か寺が、旧来の慣例である卜半真教院の添翰（添え状）もなく、直接本願寺へ前法主乗如の画像を戴きたいと申請し、それを本願寺が許可したことが発覚し、卜半真教院から本願寺に対して「卜半の家来である寺僧を、本願寺の直末寺として取り上げる陰謀ではないか！」と

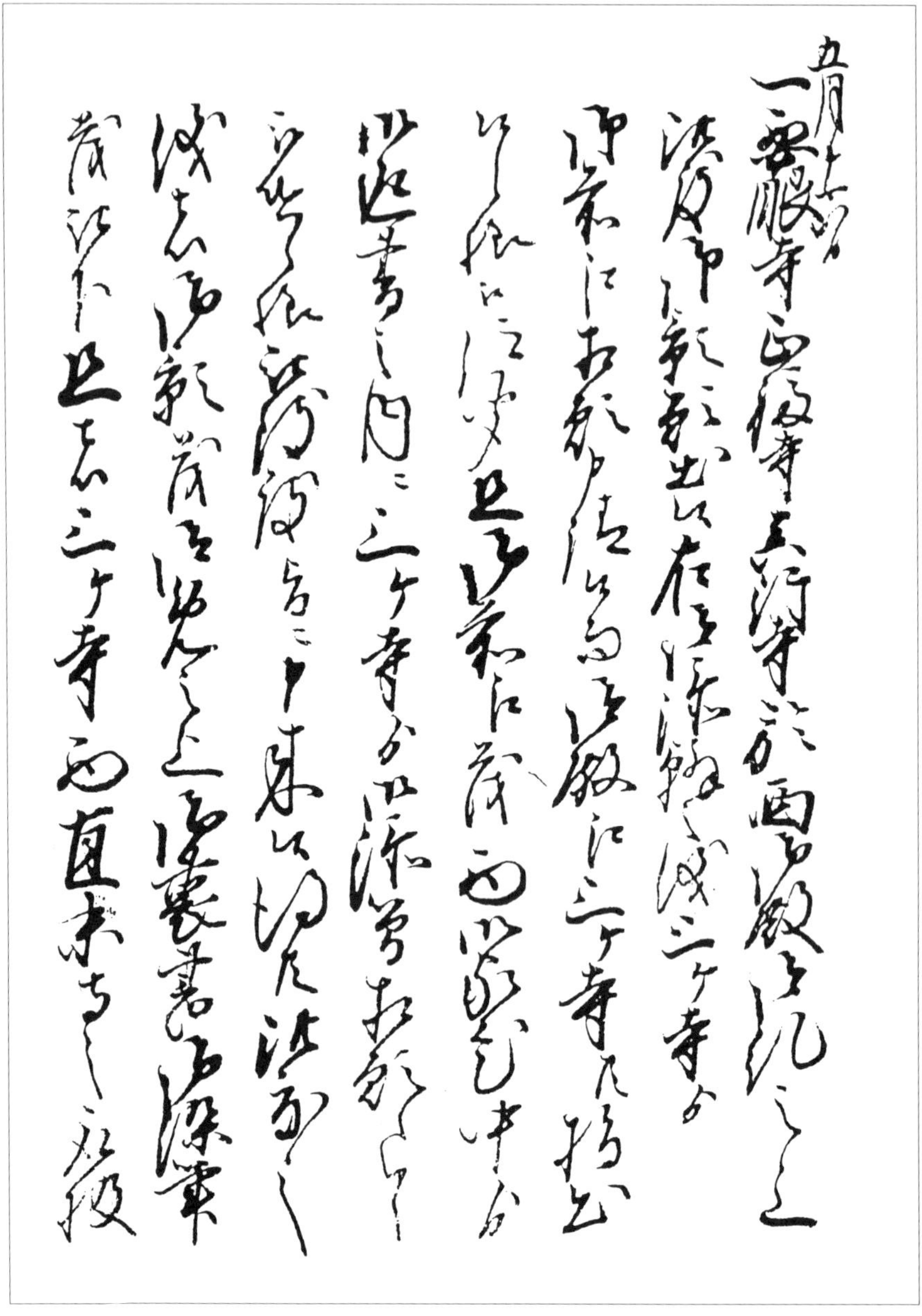

❹　〔寺僧三ヶ寺御直末差縺一件書記〕

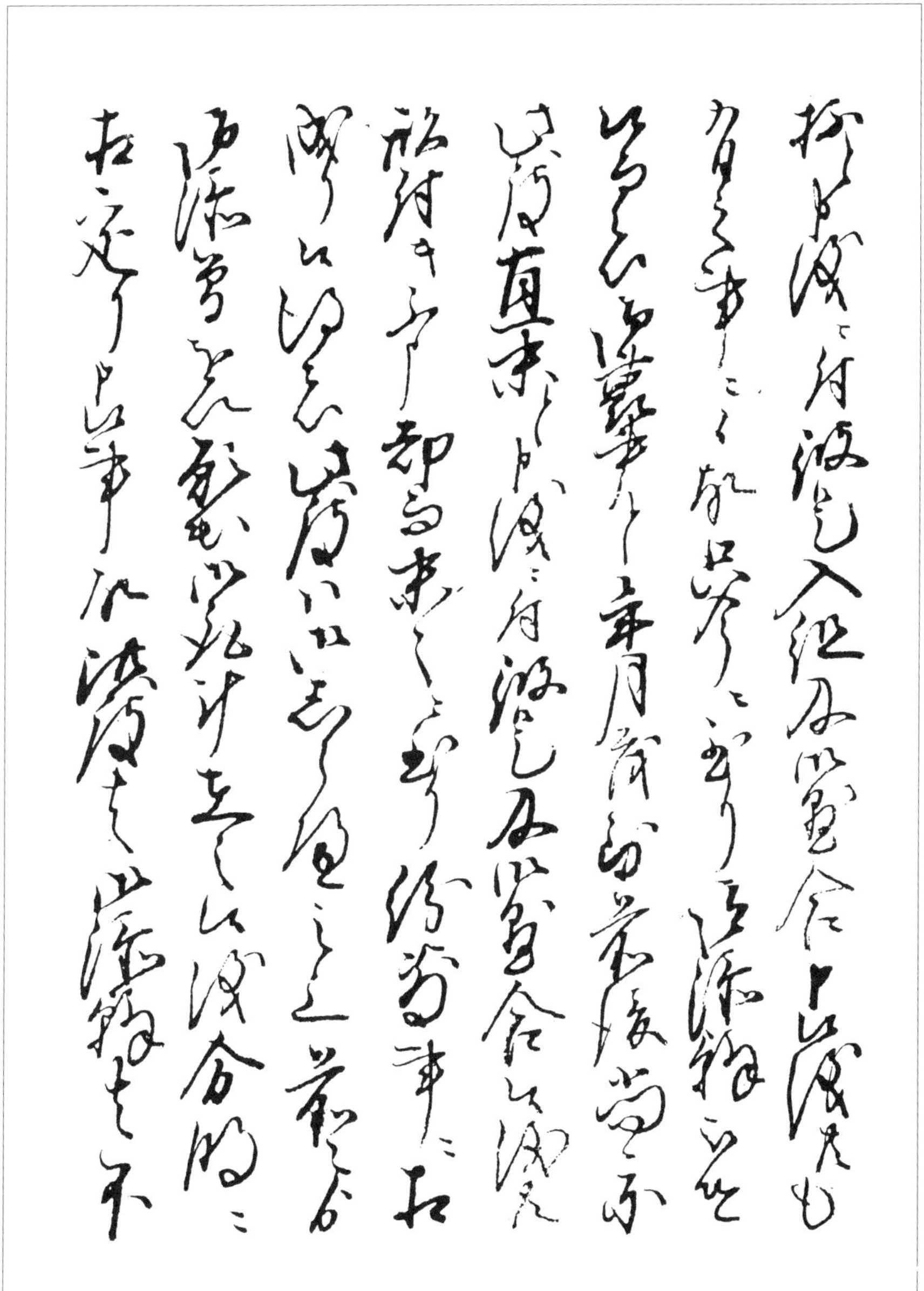

誂を有且三ヶ寺ニ於て成候処寛宥ニ而候
得共当寺ハ此中ニ而法事中ニ甚しく太切ニ再
差上江法を以奉ル廉紙上京ハ江法度ニ付以
当家ハ三ヶ寺殿一理ハ深ク存候ニ付此段と
有之候而家寺ニハ廉紙ヲ以取計
今日ニ付ハ寺ハ通申ニ三ヶ寺ニ於て非
味候其御沙汰ハ一切無之甚之太直末
ニ関ニ小野村帰ハ三ヶ寺中ニ而ハ了簡も

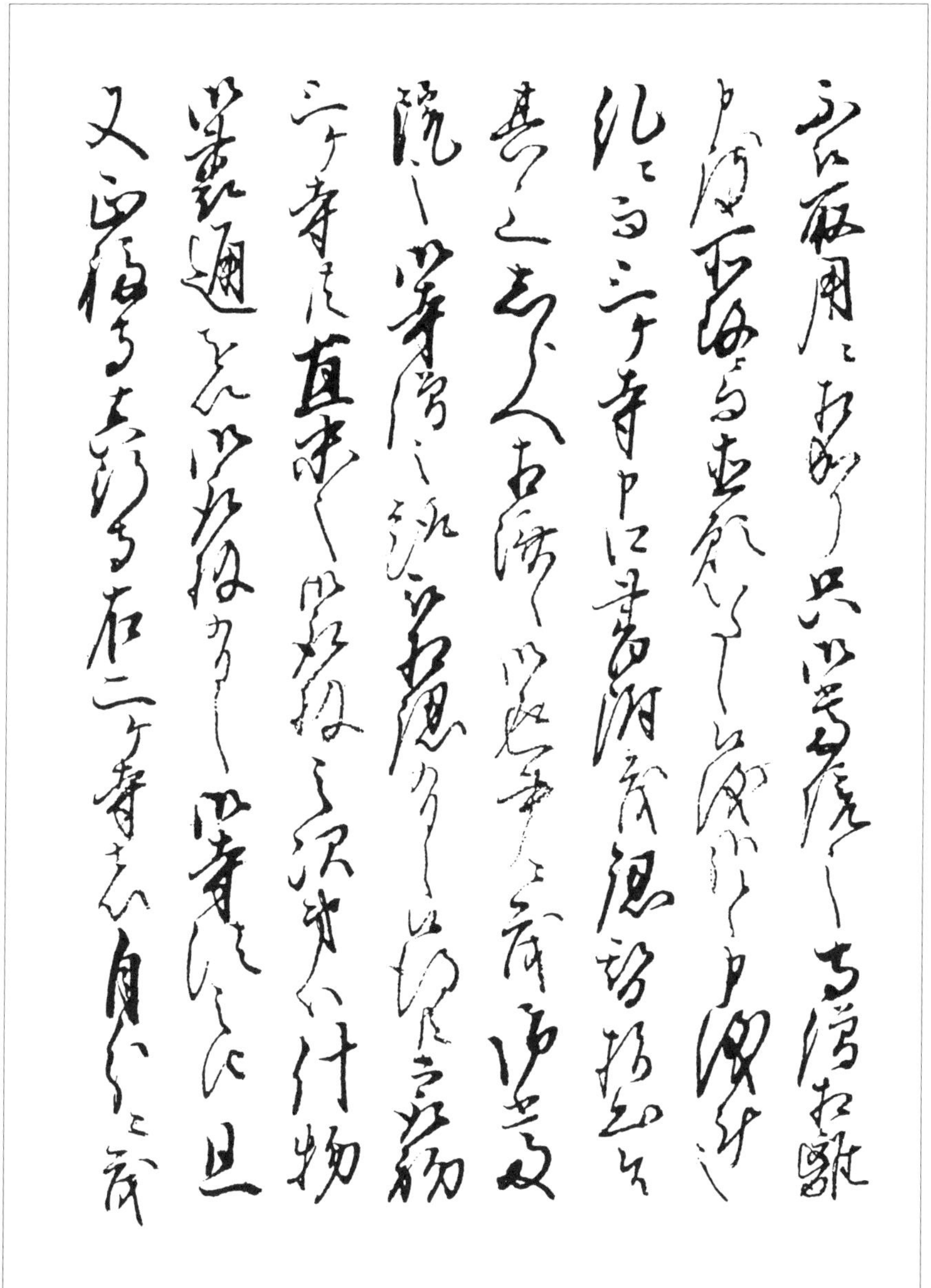

此道未熟之節得其意甚切居候
書簡を以申上候事ハ全く庵滞調ヲ致候
且御手より西源済方源済ニ相頼候
間彼是取調候得共心得も無之候
義ニ御座候間此後ハ又々再三
之処ニ申上候而は誠ニ恐入
之事ニ候得共御座候ニ付直様御上
御座候一切之所作文字之御尋合

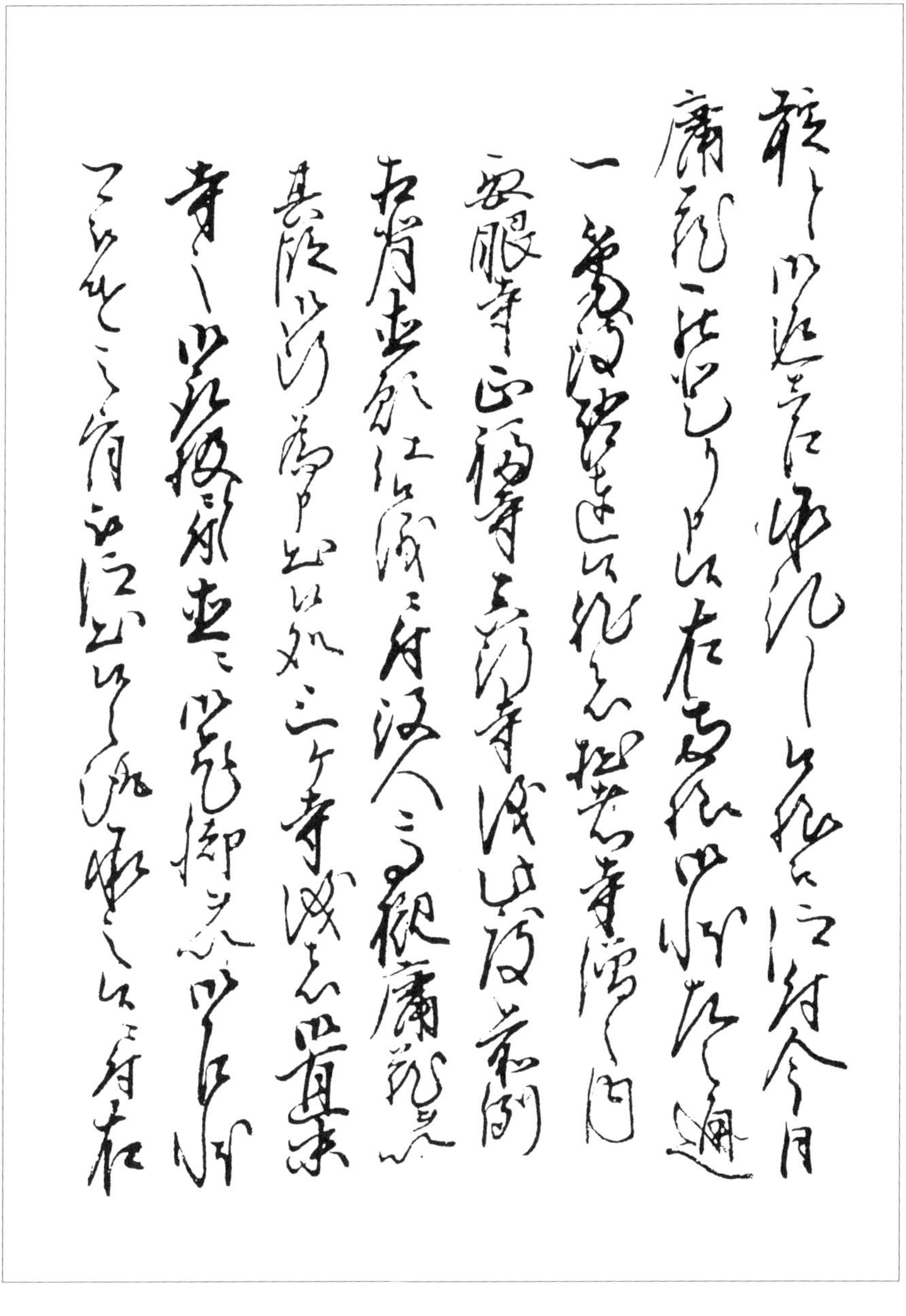

当直末寺之当寺ニ被成候と一向
不承知之由当寺甚以当惑申上候也
然ル処近頃之儀ニ拙寺方ニ成之
当寺以来当直末寺ニ被成候ニ付右之旨趣
宗門以右二ヶ寺前々之分五ヶ寺小節
之以前之通之義拙寺より願之
被成下候甚以仕合ニ難有拙寺当寺以也
拙者共儀寺格之所方と存出候以上

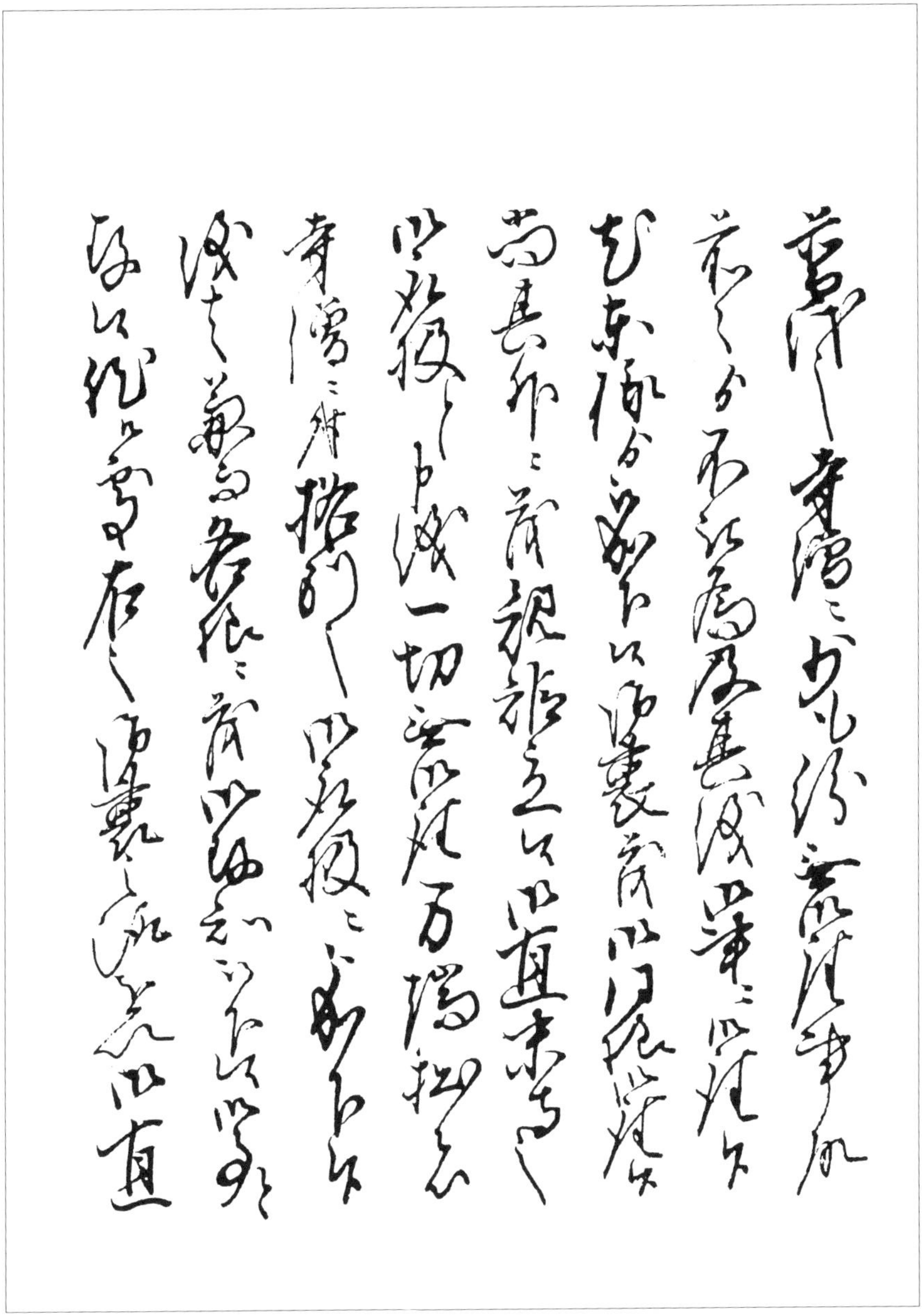

恭し以披し思召以つもし拙方
従くく家様ニ杉様以出体以成哉
但し海老東為以為ト之以成
以上御不時ト出来し通ト
被思召候以此左以為い此度以直来候
以候被し思召候以成せ全新規
御尚以候之付存之以以下成
以◯書以ト以以候ニ前様以也今

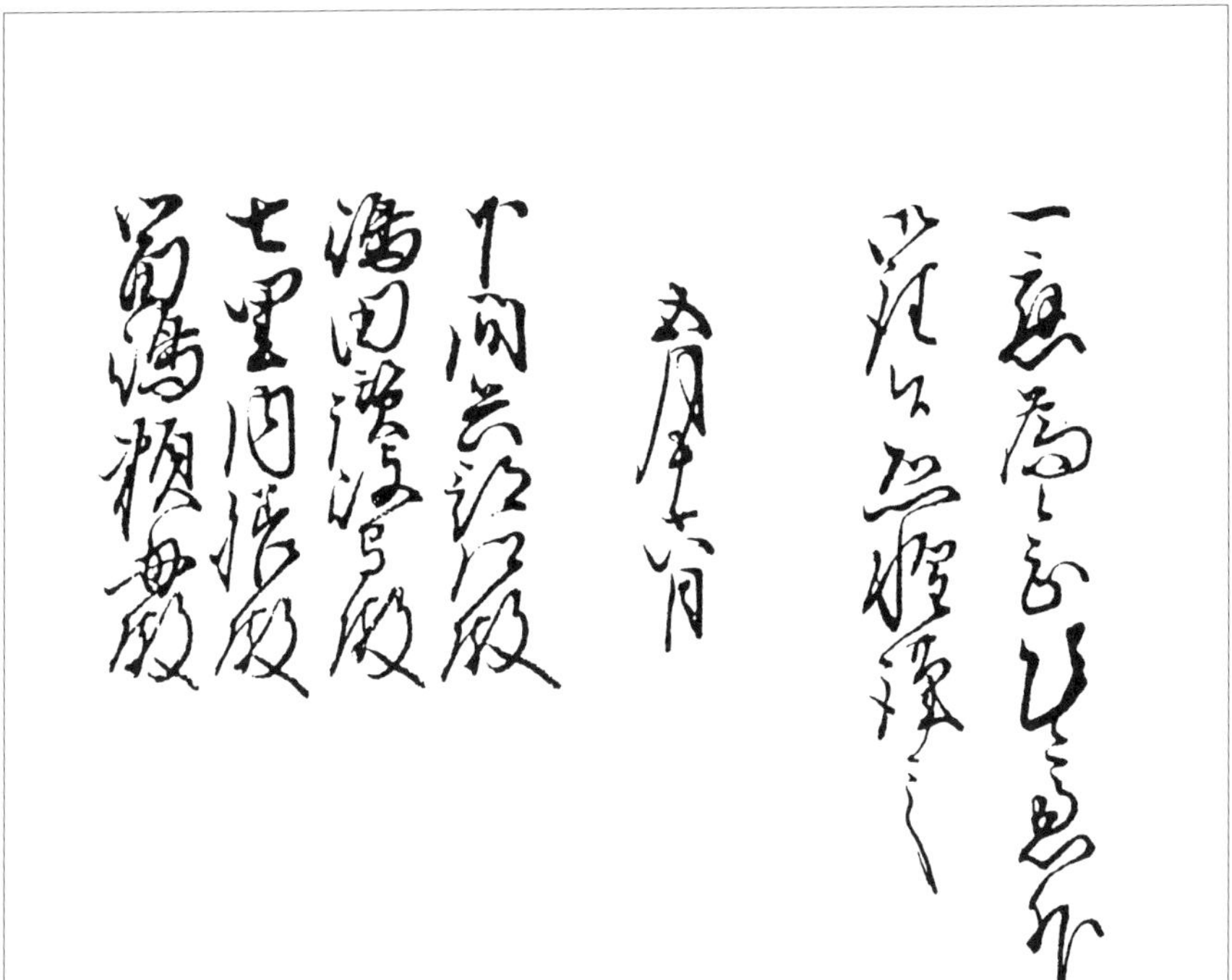

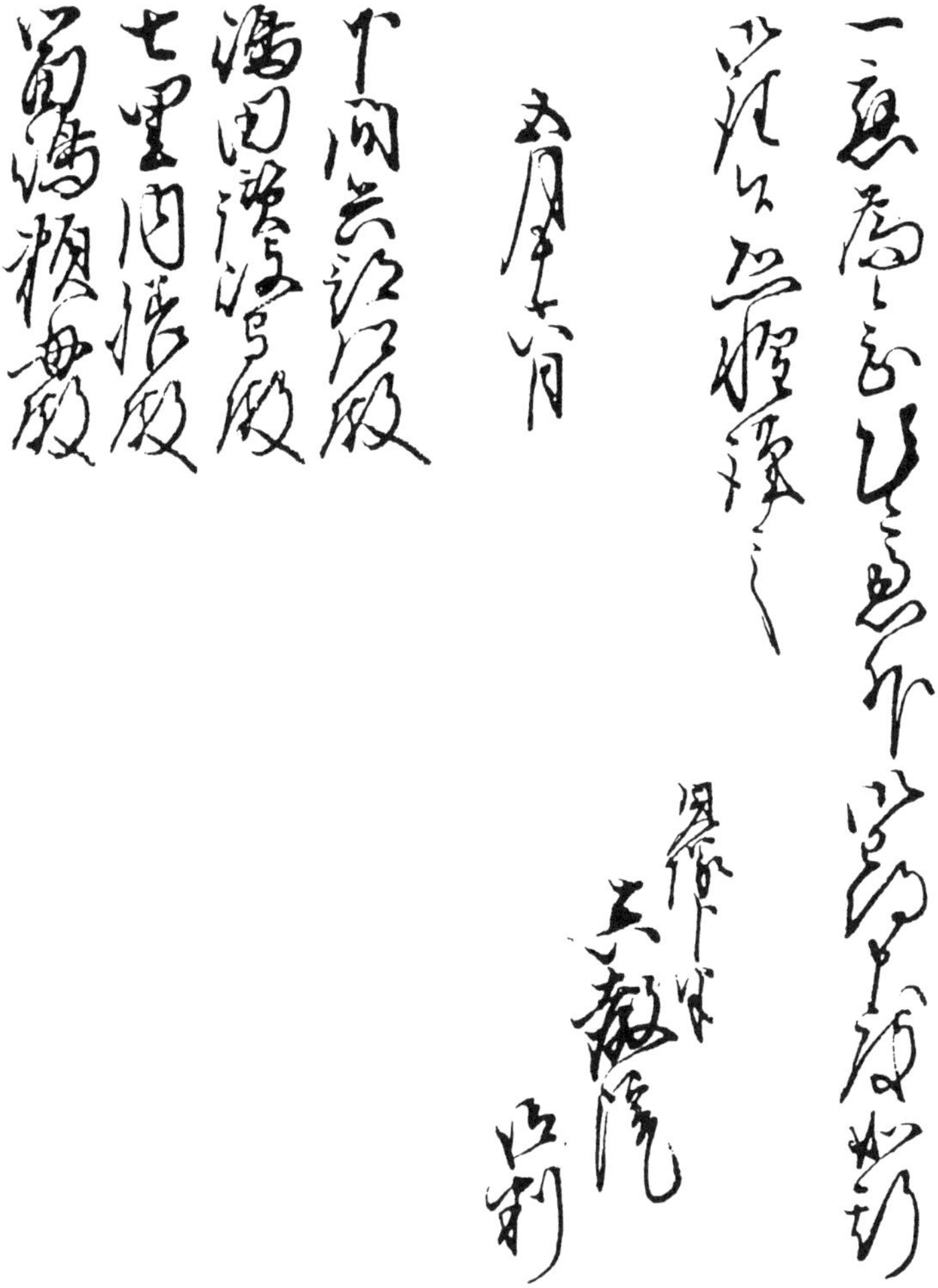

抗議したことにあった。この事件は結局三か寺の処分で決着し、卜半氏の貝塚寺内町地頭としての権威再確立で終わったが、こうした経緯を念頭に置きながら、前掲の記録の一部を読んで頂きたい。読み本は156～158頁に載せた。紙面の都合で前後を省略したが、筋書きを追いながら長文の記録一冊分読むのも楽しいものである。

五月十六日
一要眼寺・正福寺・真行寺於二西御殿一御糺之上、
此度御影願出候右御添翰之儀、三ケ寺ゟ
御前江相願申請候而、御殿江三ケ寺共指出
候様被二仰聞一、且御前江茂西御家老中ゟ
御返書之内ニ、三ケ寺ゟ御添簡相願候ハヽ、
被レ遣候様被レ致度旨ニ申来候得共、此度之
儀者御影茂御免之上、御裏書御染筆
茂被レ下、且者三ケ寺西直末寺之取扱

……

抔と申儀ニ付、彼是入組及二御懸合一申候儀共も
有レ之事ニ候故、只今ニ至り御添翰被レ遣
候而者御裏書と年月茂致二前後一、尚亦
此度直末と申儀ニ付、彼是及二御懸合一候儀共
形付キ不レ申、却而末々ニ至り紛敷事ニ相
成り候得者、此度ハ御しらへ之上、前々ゟ
御添簡を以願出、御取計在レ之候儀分明ニ

相定り申候事故、此度者御添翰者不

……

レ被レ遣旨、且三ケ寺御咎之儀、御寛宥之御挨
拶も、御家老中ゟ御返書中ニ在レ之候、右御再
答被二仰遣一候旁、庸蔵上京仕候様被二仰付一候、
尚亦三ケ寺儀、西六条御直末寺之御取扱と
有レ之候儀、玉泉寺江庸蔵ゟ段々及二懸ケ
合一申候ニ付、御しらべ中、三ケ寺江者始
中終其沙汰者一切無レ之、其上右直末
之因ミに被二相尋一候三ケ寺申口之ケ条書も、

……

不レ被二取用一ニ相成り、只御当院之寺僧相離
申度所存ニ而直願いたし候儀哉と申儀計之
糺ニ而、三ケ寺申口書附茂認替指出候、
其上しらへ相済候御返書ニ茂、御当
院之御寺僧之趣被二相認一有レ之候得共、最初
三ケ寺共直末之御取扱之次第ハ、什物
御裏通を以御取扱有レ之御寺法之由、且

又、正福寺・真行寺、右二ケ寺者自分ニ茂
……………………
御直末寺と承り伝、其旨相心得居候段
書附を以申上候事ハ、全く尾崎輪番等之
手筋より、西六条役方役僧等江聢と
内示談取組候訳合も有レ之儀、旁以此度
等閑ニ御指置御座候而ハ、後日又候（またぞろ）異乱
之基ニ相成り申候事故、往古三ケ寺御取
立以来、普（譜）代之御寺僧ニ而、直末と申
子細者一切無レ之段、猶又篤と及二懸合一
……………………
聢と御返答承糺し候様被二仰付一、今日
庸蔵罷上り申候、右両様御状左之通、
一筆致二啓達一候、然者拙者寺僧之内
要眼寺・正福寺・真行寺儀、此度前例
相背、直願仕候儀ニ付、役人高槻庸蔵ヲ以
其段御断為二申出一候処、三ケ寺儀者御直末
寺之御取扱ニ付、直ニ御飛脚ヲ以御召状
可レ被レ遣之旨被二仰出一候之趣承レ之候ニ付、右
……………………
御直末寺之御取扱と申儀、是迄一向
不レ致二承知一御事故、其訳御尋申上させ
候処、御影之御裏ニ拙者方之儀無

二御座一候、仍レ之御直末之御取扱ニ候之旨被
二仰聞一候、右三ケ寺、前々ゟ五尊御願申
上候節之添翰之表、拙者寺僧と
申儀者、其度毎ニ相認指出御座候得共、
拙者於二寺格一者何方迄罷出候而茂
……………………
普代之寺僧ニ少も紛無二御座一事故、
前々ゟ不レ被レ為レ及二其儀一御事ニ御座候、
尤、東様ゟ被二成下一候御裏茂御同様御座候、
尚、其外ニ茂規矩立候御直末寺之
御取扱と申儀一切無二御座一、万端拙者
寺僧ニ付、格別之御取扱ニ被二成下一候
儀者、兼而各様ニ茂御存知被レ下候御事と
存候、然ル処、右之御裏之趣を以、御直
……………………
末寺之御取扱と被二仰下一候而者、拙者方
代々之家格ニ指障致二出来一候故、前
段之訳合共、達而御断為二申立一候処、
御答聢と不レ被二仰下一、在来之通と
計被二仰聞一候由、左候而ハ此度御直末之
御取扱と被二仰聞一候儀者全新規之
儀ニ而御座候ニ付、右申立候御断之趣
御承知被レ下候御儀ニ茂存候得共、今

……………………………………………………………………
一応為レ念、乍二慮外一御尋申度如レ斯
御座候、恐惶謹言、

貝塚卜半

五月十六日

真教院

御判

下間兵部卿殿
嶋田讃岐守殿
七里内膳殿
富嶋頼母殿

参考図書の活用 —あとがきにかえて—

古文書・古記録判読のいとぐちとして、いくつかの例を挙げ、独習による基礎的な「判読方法」を述べてきたが、判読の最終目的は一字一字の文字を読むことではなく、その内容を読み取ることにある。

しかし一口に古文書・古記録といっても、その様式・内容は多種多様であり、かつ多量であるため、それぞれに応じた用字・用語や読み方があるうえ、「無くて七癖」といわれるように、それらを書き記した人々それぞれに書法の癖があるから「読み取る」だけでも容易ではない。

それゆえに、単に読み取るだけではなく、内容を理解して「読み解く」ためには、更なる努力が必要であるが、多量の文書を一点一点と読み重ね、用字・用語の意味をも覚え、用例を身につけていくうちに内容をも理解して、「解読」への道は次第に開けていくであろう。

幸いにも近年は、各地でカルチャーセンターなどにおける古文書の講習会や講座が開かれ、判読だけでなく解読の方法までも学ぶことができるようになったが、種々の事情でそれらに参加できない場合には、当然独学・独習ということになろう。

たとえばわずかな例による判読入門の本書を読まれた方々が、さらに独習の効果を高めようとされるとき、①個々のくずし字を読むために硬筆または毛筆、あるいは古典や古文書から行書体や草書体のくずし字の字母を拾い出し、それら文字の第一画を基準として起筆から検索するもの、漢和辞典のように部首から検索するもの、古文書に現われる用字・用語・慣用句など、頻出語彙を収録したもの、単独の文字だけでなく用例を多く収録したものなど、「くずし字」を読み解くために工夫を凝らした字典・辞典類のほか、②国語辞典や歴史辞典では分からない古文書独特の難読・難解な用語や用字法を知るためのものなど、それぞれの要望に応じた字典・辞典類があるほか、③古文書の様式および各時代に作成された代表的な文書の読み方・考え方を示した演習書など、多くの参考図書が刊行されているから、それらを活用されるとよい。どのくらい刊行されているのかよく分からないが、筆者が手元に置いて常日頃恩恵を受けているものを紹介しておく。

なお、以下に掲げるものの中には、すでに絶版になったものもあるが、公共図書館に収蔵されているものや、古書店で購入可能なものもあるので併せて掲げた。

◇くずし字の字典・辞典

古文書を判読・解読するために、座右に一冊は常備しておかなければならないものである。多種多様の物が刊行されているが、それぞれに特色があるから、書店などで現物を見て、自分の学習に最もふさわしいと思われるものを選ぶとよい。

『くずし字解読辞典』　児玉幸多編　東京堂出版
『くずし解読字典』　若尾俊平・服部大超編　柏書房
『入門近世文書字典』　林英夫・中田易直編　柏書房
『近世古文書解読字典』　林英夫監修　若尾俊平・浅見恵・西口雅子編　柏書房
『くずし字用例辞典』　児玉幸多編　東京堂出版　（普及版もある）

『古文書大字典』　浅井潤子・藤本篤編　柏書房（普及版『古文書判読字典』）

初歩の段階では、とりあえず右の辞典・字典類を一冊備えておけば十分だろうが、近世に書かれた文字がほとんど読みこなせるようになると、字典と解読技法との複合機能を持つものも便利であり、その要請に応えて、多くの文例を収録したものや、近世文書に限らず多くの中世文書から、代表的な慣用句・慣用語を含む文例を示し、文体と書体の両面から古文書を習得できるようなものもある。

『古文書字叢』林英夫監修　根岸茂夫・佐藤孝之・安池尋幸編　柏書房（普及版『新編古文書解読字典』）

『古文書文例大字典』　岩沢愿彦・小川信・林睦朗編　柏書房

などがそれである。

なお、特に仮名や異体字を読むためのものとして、左のようなものがある。

『かな解読字典』中田易直・中田剛直・浅井潤子・浅見恵編　柏書房

『かな用例字典』中田易直・中田剛直・浅井潤子編　柏書房

『異体字解読字典』山田勝美監修　「難字大鑑」編集委員会編　柏書房

◇用字・用語・用例の辞典

以上は主として古文書に出てくるくずし字を判読・解読するために編集されたもので、個々のくずし字を主とし、文例用語・用例を含んだ物も少なくないが、古文書・古記録にみられる独特な難読・難解な用語や用字法を知るためには、歴史辞典や国語辞典だけでは不十分として編み出されたものに、次のような辞典がある。

『古文書用字用語大辞典』　荒居英次・高橋正彦・飯倉晴武・広瀬順晧・太田順三・福田アジオ・佐々木克編　柏書房（普及版『古文書用語辞典』）

『古文書古記録難訓用例大辞典』　林陸朗監修　柏書房

◇演　習　書

古文書の判読・解読に慣れるためには、その現物に触れることが最も望ましいが、最初に述べたように古文書には種々の様式があり、それらのすべてに接する事はまず不可能と言ってよい。近辺に博物館や資料（史料）保存機関などがあって、古文書展観の機会があれば現物に接することもできるが、ガラス越しに見ることができるだけで、直接座右に置き、ゆっくりと判読・解読できるものではない。と、なると判読・解読に慣れるためには写真の利用ということになろう。先に触れた『古文書時代鑑』などその例であるが、こうした要請に応えるための教材として恰好なものに、大学における古文書学の講義や演習用のテキスト、または古文書に関心を持つ多方面の人々のための独習書として、各時代の基本的な文書の写真を掲げ、釈文・解説を付したものに、

『演習古文書選』（様式編　古代・中世編　荘園編上　荘園編下　近世編　続近世編　近代編上　近代編下）
日本歴史学会編　吉川弘文館

『近世古文書演習』（増補）　立教大学日本史研究室編　柏書房

『近代文書演習』　立教大学日本史研究室編　柏書房

『大系・古文書実習』　飯倉晴武・高橋正彦・中尾堯編　雄山閣

『近世文書の解読』　林英夫・田畑勉編　柏書房

『近世の古文書』　荒居英次編　小宮山出版

などがある。

◇古文書学

以上の参考図書を読み、古文書の判読・解読に慣れ親しんだ後は、古文書学への道が待っている。周辺に適切な指導者がない場合の古文書学の独習は、かなり難しいようであるが、入門書・概説書・講座・専門書などによって古文書学を理解し、史料操作の能力を養うことは決して困難ではない。

『古文書学概論』 勝峯月渓著 国書刊行会
『日本古文書学』（増補） 伊木寿一著 雄山閣
『古文書学』 吉村茂樹著 東京大学出版会
『日本の古文書』（上・下） 相田二郎著 岩波書店
『日本古文書学』（全三巻） 中村直勝著 角川書店
『新編古文書入門』 高橋磌一編 河出書房新社
『日本古文書学講座』（全一一巻） 雄山閣
『日本古文書学提要』（上・下） 伊知地鉄男 大原新生社
『古文書学入門』 佐藤進一著 法政大学出版局
『古文書学入門』 福尾猛市郎・藤本篤著 創元社
『概説古文書学』古代・中世編 日本歴史学会編 吉川弘文館
『概説古文書学』近世編 日本歴史学会編 吉川弘文館

◇その他

これらのほか、古文書学上の基礎知識、あるいは個々の問題を論じたものや、調査研究の方法を示したものには、
『日本古文書学の諸問題』相田二郎著作集1 名著出版

『戦国大名の印章―印判状の研究―』相田二郎著作集2　名著出版
『古文書と郷土史研究』相田二郎著作集3　名著出版
『古文書研究―方法と課題―』荻野三七彦著　名著出版
『古文書入門ハンドブック』飯倉晴武著　吉川弘文館
『中世文書の基礎知識』小和田哲男　柏書房
『近世農村文書の読み方・調べ方』北原進著　雄山閣
『古文書調査ハンドブック』児玉幸多編　吉川弘文館

などがあり、

『暮らしの中の古文書』浅井潤子編　吉川弘文館

は、出産諸色帳・枕下げ祝い記録・三月節句雛人形飾り方図から、若者条目・奉公人請状・火の元掟書・庄屋就役請状・離縁状・遺言状・香奠控など三二種の古文書・古記録の写真を集成して、人の一生に出会うであろうさまざまな出来事を解明したもので、楽しみながら近世文書に親しみ解読に習熟できる。

日本史を愛好し、古文書の判読・解読から古文書学の理解を求める人々にとって、小書がいささかの手引きとなることができれば幸いである。

平成六甲戌年八月

藤本　篤

藤 本　 篤（ふじもと　あつし）
1928年（昭和３）生まれ。53年山口大学文理学部（日本史学専攻）卒。貝塚市史編纂嘱託・豊中市史編纂嘱託・日本民家集落博物館主事などを経て大阪市史編集室に入り、同室主幹・室長から大阪市史編纂所長・大阪市史料調査会常務理事。この間、70～80年関西大学非常勤講師（古文書学）。

編著書：『地方史の研究と編集』（共著、ミネルヴァ書房）『大阪府の歴史』（山川出版社）『古文書学入門』（共著、創元社）『なにわ人物譜』（清文堂出版）『日本地名大辞典』大阪府（共編著、角川書店）『大阪市史物語』（松籟社）『県別史跡・文化財一覧』（山川出版社）『古文書への招待』Ⅰ・Ⅱ（柏書房）『古文書大字典』（共編、柏書房）『古文書判読字典』（共編、柏書房）『大阪都市住宅史』（共編著、平凡社）など。

書名　古文書入門（こもんじょにゅうもん）―判読（はんどく）から解読（かいどく）へ　【シリーズ日本人の手習い】

1994年９月15日　第１刷発行
2022年３月10日　《新装版》第10刷発行

著　者　　藤　本　　篤

発行者　　富　澤　凡　子

発行所　　柏書房株式会社
東京都文京区本郷 2-15-13（〒113-0033）
電話　03-3830-1891［営業］　03-3830-1894［編集］

編　集　　芙蓉書房出版
印　刷　　不二精版
製　本　　ブックアート

装　幀　　ゼブラ＋上田宏志　　ISBN4-7601-1118-2 C3021

次は「漢字」に挑戦したい方へ

●コツさえつかめば誰でも読めるようになる！

古文書くずし字 見わけかたの極意

油井宏子【著】　A5判・二二六頁　一、八〇〇円　978-4-7601-4251-4

大人気の古文書講師・油井宏子先生が伝授する、くずし字判読の秘伝の数々。初学者・入門者でも、スラスラと読めるようになる魔法の一冊が誕生。くずし字を上下左右に分解する眼を養うことで、誰もが一五〇年以上前の文字に親しむことができるようになります。

●自分だけの江戸を見つけてみませんか

江戸が大好きになる古文書

油井宏子【著】　A5判・二四〇頁　一、八〇〇円　978-4-7601-3037-5

本書は江戸日本橋の大呉服商・白木屋が舞台。第一章では白木屋が作った五二か条の規則『永録』から、店と奉公人の姿を読み取ります。第二章では店を抜け出して故郷へ帰った嘉助が主人公です。八か月後に江戸へ戻ってきた嘉助が犯した過ちとは？

〈価格税別〉